Jennifer M. Morton

[美]珍妮弗·M. 莫顿 著

杨学思 译

向上
流动

求学与原生家庭的羁绊

Moving Up Without Losing Your Way

The Ethical Costs of Upward Mobility

中国科学技术出版社

·北 京·

MOVING UP WITHOUT LOSING YOUR WAY: The Ethical Costs of Upward Mobility
by Jennifer M. Morton, ISBN:9780691216935
Copyright © 2019 by Princeton University Press
Simplified Chinese translation copyright © 2024 by China Science and Technology Press
Co., Ltd.
All rights reserved.
No part of this book may be reproduced or transmitted in any form or by any means,
electronic or mechanical, including photocopying, recording or by any information storage
and retrieval system, without permission in writing from the Publisher.
北京市版权局著作权合同登记 图字：01-2024-0320

图书在版编目（CIP）数据

向上流动：求学与原生家庭的羁绊 /（美）珍妮弗
· M. 莫顿 (Jennifer M. Morton) 著；杨学思译 .
北京：中国科学技术出版社，2025. 1. -- ISBN 978-7
-5236-0986-6

Ⅰ . G649.712
中国国家版本馆 CIP 数据核字第 2024755JR9 号

策划编辑	陆存月　李芷珺	责任编辑　胡天焰
封面设计	周伟伟	版式设计　蚂蚁设计
责任校对	焦　宁	责任印制　李晓霖

出　　版	中国科学技术出版社
发　　行	中国科学技术出版社有限公司
地　　址	北京市海淀区中关村南大街 16 号
邮　　编	100081
发行电话	010-62173865
传　　真	010-62173081
网　　址	http://www.cspbooks.com.cn

开　　本	880mm×1230mm　1/32
字　　数	144 千字
印　　张	6.25
版　　次	2025 年 1 月第 1 版
印　　次	2025 年 1 月第 1 次印刷
印　　刷	大厂回族自治县彩虹印刷有限公司
书　　号	ISBN 978-7-5236-0986-6/G·1064
定　　价	59.00 元

（凡购买本社图书，如有缺页、倒页、脱页者，本社销售中心负责调换）

致我的三位母亲

诺尔玛（Norma）、图拉（Tula）和佐伊拉（Zoila）

致 谢

在获得博士学位后不久，我产生了信仰危机。我觉得自己好像和学术界、哲学界乃至教学工作脱节了。出于偶然，我开始阅读安妮特·拉鲁（Annette Lareau）的《不平等的童年》（*Unequal Childhoods*）。这本书为我打开了一个全新的世界，为我改变对学生、对自身教育轨迹、对学术界的矛盾心理提供了新的思路。但是，正如维特根斯坦（Wittgenstein）所言，哲学如同疾病一般，一旦沾染，便萦绕心头，挥之不去，这就导致我在阅读社会科学文献时也会带着哲学思辨。我会问自己：教育的性质是什么？教育在塑造整个世界的过程中起到了怎样的作用？渐渐地，我就对这个以前从未听说过的领域——教育哲学——产生了研究兴趣。我的论文导师迈克尔·布拉特曼❶（Michael Bratman）一向对我倾囊相授，他建议我去和德布拉·萨茨❷（Debra Satz）聊聊。德布拉向来敏锐，她在我语无伦次的话中发现了些许价值，并鼓励我申请斯宾塞基金会（the Spencer Foundation）的资助。该组织的

---

❶ 迈克尔·布拉特曼，美国哲学家，斯坦福大学哲学教授。——译者注
❷ 德布拉·萨茨，美国哲学家，斯坦福大学人文与科学学院院长。——译者注

支持，尤其是迈克·麦克弗森（Mike McPherson）和哈里·布里豪斯（Harry Brighouse）的帮助，对我在教育问题的研究初期产生了至关重要的影响。

我真正开始着手研究教育哲学是在我就职纽约市立学院（The City College of New York）之后。纽约市立学院是一所独特的院校，那里的学生聪明、有趣、慷慨，更重要的是，他们在丰富复杂的生活中练就出了独到的洞察力。正是他们促使了我对所教内容以及教育方式做出批判与反思，没有他们，就没有这本书。纽约市立学院即使面临着巨大的财政限制，也依然为我的研究提供了宝贵的支持。我非常幸运地获得了纽约市立大学❶教职委员会奖、纽约市立大学学者激励奖、纽约市立大学书籍成就奖，以及玛丽莲·吉特尔青年教师奖。上述奖项均对我完成本书提供了不可或缺的支持。此外，哲学系的各位同事也让我备受鼓舞。

教育哲学界是一个奇妙、温暖且睿智的社群。我要特别感谢西加尔·本-波拉斯（Sigal Ben-Porath）、拉里·布卢姆（Larry Blum）、埃蒙·卡伦（Eamonn Callan）、兰德尔·柯伦（Randal Curren）、雅各布·费伊（Jacob Fay）、托尼·拉登（Tony Laden）、葆拉·麦卡沃伊（Paula McAvoy）、米歇尔·摩西（Michelle Moses）、罗布·赖克（Rob Reich）、德布

---

❶ 纽约市立学院和纽约市立大学不是同一所院校。纽约市立学院成立于1847年，是纽约市立大学系统中的一所四年制学院，是纽约市立大学系统的创始学校，也是历史最悠久的分校。——译者注

拉·萨茨、吉娜·斯考滕（Gina Schouten）以及布赖恩·沃尼克（Bryan Warnick）对我的支持。哈里·布里豪斯从第一次阅读本书起就非常支持我，他的鼓励与反馈对我影响颇深。梅拉·莱文森（Meira Levinson）使我明白，教育哲学不该只拥护学者所关心的观点，更应该倾听那些受其影响的群众的声音，是她的指导鼓励我找到了一个跨学科的视角。

我也会牢记普林斯顿大学对我的支持。在授予我本科学位之后，普林斯顿大学再次于2015—2016学年授予我人类价值研究中心劳伦斯·S.洛克菲勒访问学者身份。本书之所以充满了我在大学本科时期的回忆，正是因为我有幸在创作时重返校园。我在研究中心度过了美好的一年，也有很多人要感谢，感谢莫琳·基林（Maureen Killeen）和其他工作人员让我工作无忧，还提供了羽衣甘蓝沙拉和咖啡；感谢那一年研究中心的成员：查尔斯·贝茨（Charles Beitz）、约翰·弗里克（Johan Frick）、埃里克·格雷戈里（Eric Gregory）、伊丽莎白·哈曼（Elizabeth Harman）、埃里卡·基斯（Erika Kiss）、金·莱恩（Kim Lane）、梅莉萨·莱恩（Melissa Lane）、斯蒂芬·马塞多（Stephen Macedo）、维多利亚·麦格里尔（Victoria McGreer）、菲利普·珀蒂（Phillip Petit）和彼得·辛格（Peter Singer），是他们让每次学术活动都充满着学术活力；感谢其他学者：克洛·巴卡勒（Chloe Bakalar）、卢克·博文斯（Luc Bovens）、马克·布道夫森（Marc Budolfson）、露丝·张（Ruth Chang）、亚历山大·科什纳（Alexander Kirshner）、塔尔·刘易斯（Tal Lewis）、克劳迪奥·洛佩斯–格拉（Claudio

Lopez-Guerra）、埃莉诺·梅森（Elinor Mason）、梅琳达·罗伯茨（Melinda Roberts）、杰弗里·塞尔-麦克德（Geoffrey Sayre-McCord）、莫妮克·旺德利（Monique Wonderly）和尼古拉斯·弗鲁萨利斯（Nicholas Vrousalis），他们的研究丰富了这一学科领域。我也很幸运，正是在那一年与普林斯顿大学出版社交涉，商讨出版这本书。感谢瑞安·马利根（Ryan Mulligan）帮助我完成本书的早期构思，感谢杰西卡·姚（Jessica Yao）在本书提案被采纳后给予我反馈与鼓励。最后，也要感谢彼得·多尔蒂（Peter Dougherty），多亏了他的耐心，以及明智的建议，本书才得以顺利完成。

为了完成这本书，我不得不"忘记"自己在哲学学科所接受的写作训练。戴维·洛本斯坦（David Lobenstine）阅读了本书的多份草稿，帮助我以一种非哲学的方式来阐述观点，吸引全学科的读者。我的学生兼研究助理布兰登·韦伯利（Brandon Webley）也为本书提供了极其关键的学生视角。本书的部分内容是我在休假时完成的，这也要感谢邓普顿基金会（Templeton Foundation）与佛罗里达州立大学共同提供的"自控哲学与科学资金"，我与好友萨拉·保罗（Sarah Paul）共同获得了这笔资助，她也为我提供了极大的支持与帮助。

还有很多人和我分享了他们的故事，恕我无法一一在此列举。除了许多不愿公开姓名的朋友，我还想感谢艾玛尼娅·布卢姆（Emmania Blum）、埃米莉·利玛·伯克（Emilie Lima Burke）、詹姆斯·丘尔顿（James Cureton）、塔米·格韦尔（Tammy Gewehr）、莉萨·格雷戈里奥（Lissa Gregorio）、霍晓明（Xiaoming Haugh）、西蒙·艾夫斯（Simon Ives）、T.J. 杰斐逊（T. J. Jefferson）、阿亚·肯尼迪（Aja Kennedy）、凯蒂·勒布朗（Katie LeBlanc）、珍妮弗·莱昂（Jennifer Leon）、米基·梅基（Mickey Maki）、托尼·莫雷诺（Toni Moreno）、哈维尔·佩雷斯-戈麦斯（Javiera Perez-Gomez）、胡安·加布里埃尔·鲁伊斯（Juan Gabriel Ruiz）、乔尔·萨蒂（Joel Sati）、卡瓦里斯·西姆斯（Kavaris Sims）、韦伦·史密斯（Waylon Smith）、乔书亚·斯潘塞（Joshua Spencer）、金伯利·塔马约（Kimberly Tamayo）、克丽丝塔·托马森（Krista Thomason）、多雷恩·汤姆斯（Doraine Toms）以及丽贝卡·韦林顿（Rebecca Wellington），没有他们慷慨坦诚的分享，这本书就无法顺利完成。我也非常感谢来自纽约市立学院、曼哈顿社区学院、乔治华盛顿大学、约翰·杰伊学院、得克萨斯大学埃尔帕索分校、堪萨斯州立大学以及北卡罗来纳大学教堂山分校的读者为我提供的反馈。

　　最后，我想感谢家人对我的支持。我有幸拥有三位母亲：诺尔玛、图拉和佐伊拉，她们都用各自独有的方式为我的教育作出了贡献，支持我继续奋斗。我也要感谢我的姐姐亚米娜（Yamina），谢谢她理解我作为移民和第一代大学生跨越阶层和社会文化所经历的挣扎。感谢我的丈夫贾森（Jason），他不仅是一位好爸爸、好编辑，更是我撰写本书期间全家人的顶梁柱与避风港。本书中的每一个字他都仔细读过好几遍，他平时不仅要处理建筑公司要求极高的工作，还要照顾精力旺盛的孩子。我也非常感谢我的女儿卡罗琳娜（Carolina），是她的笑容照亮了我的每一天。最后，我还要感谢我女儿就读托儿所的各位优秀教师，尤其是麦阿希亚（Miasia）、索菲娅（Sophia）、纳里萨拉（Narisara）和朱兰娜（Julanna），感谢她们在我撰写本书期间对我女儿的悉心照顾。我足够幸运，才得以获得这么多支持与帮助。

目　录

| 第三章 | **身份演变** | 077

| 第四章 | **不与阶级合谋** | 107

教育升级

每个人在社会中都有一个特定的初始位置，这一位置的高低取决于每个人出生的时空、父母的社会经济与受教育水平、种族、性别等因素。社会学学者通过大量研究，已经证实这些因素至关重要，影响着我们的生活前景。例如，在美国，如果一个孩子于 1980 年至 1982 年出生在北卡罗来纳州的夏洛特市，且家庭收入处于全市倒数 20%，其日后薪资水平能跻身前 20% 的概率为 4.4%；但同等家庭水平的孩子如果出生在加利福尼亚州的圣何塞市，这一概率将是前者的 3 倍[1]。如今，如果一名白人孩子出生于收入水平处于美国倒数 10% 的家庭，其成年后工资依旧很低的概率是 17%；但若是同等家庭的黑人孩子，这一概率将高达 42%[2]。又如，在过去的 35 年间，女性进入高等院校并顺利毕业的概率要高于男性，尤其是出身富裕家庭的女性[3]。这类数据非常烦琐，且极度复杂[4]。但我们可以肯定的是，在过去 20 年间，美国贫困非裔或拉丁裔[5]家庭的孩子如果生长在一个经济与种族相对闭塞的社群，那么这个孩子很有可能一辈子都无法走出原生成长环境，他们的子女也是如此。这也就验证了俗话说的"有其父必有其子"。

未来的机会与资源在出生时就被随机分配好了，这一观点与美国梦的核心理念背道而驰。美国梦倡导的是机遇平等，作为一个社会整体，我们一向将教育资源作为平衡弱势群体出身劣势的工具。乐观主义者认为，教育可以改变生活前景，认为我们应该专注培养更多的弱势儿童上大学，因为高等教育有能力帮助他们步入中产阶级。而悲观主义者则认为，学校教育对于不公平的经济、社会、政治现象影响有限，因为社区闭塞、医保难求、种族主义以及贫困等现象早已渗透进整个社会，处处都是问题。他们认为，许多来自弱势群体的孩子根本上不了大学，即便能够入学也将面临诸多挑战。乐观主义者常说教育改变命运，悲观主义者则指出，成功事例仅仅是幸存者偏差，绝非常态。

教育确实改变了我的命运。我出生在秘鲁利马的一个工薪阶层社区，那里到处都是冒着浓烟的工厂，那儿的人不是从事服务业的，就是开出租车的。我外婆的老家在阿雷基帕（Arequipa），是秘鲁山区的一个小城市。她搬来利马之后，年纪轻轻就怀孕了，婚后很快又离了婚，一边带着两个孩子，一边在一家电影院当全职服务员。我妈妈还未成年就怀孕了，我外婆对此非常失望。在我妈妈立足谋生的过程中，是外婆在全家人的帮助下把我带大的。虽然面临着很多困难，但是我们在秘鲁的相对社会地位其实介于工薪阶层与中产阶层之间。正如我外婆常说的，我们从未挨过饿，但很多秘鲁人就没有这么幸运了。一般来说，我大概率也会走上类似的道路，在勉强从高中毕业后早早生育，然后在接下来的50年里努力工作，艰难维生。

但是，我很幸运。我妈妈和姨妈一起移民去了欧洲，姨妈在那里遇到了慷慨且富裕的姨夫。他们在婚后承担了我很大一部分的教育费用。由于他们的帮助，我从幼儿园到高中毕业都就读于秘鲁最好的国际学校。但是20世纪80年代，利马经济萧条，恐怖主义时刻威胁着人们的日常生活。我的学校有武装警卫护卫，车辆在进入时都要接受炸弹排查。从我记事起，外婆就告诉我，要想过上更好、更安全的生活，就必须出国。尽管她也不知道到底该如何实现，但好在学校负责升学的老师知道。高三时，老师把我叫到了办公室，告诉我，以我的成绩，我可以获得丰厚的奖学金，去美国上大学。于是，我也踏上了追求更好生活的移民道路，成了家里第一位大学毕业生，在获得了普林斯顿大学的学士学位之后，又获取了斯坦福大学的博士学位。我现在是一名哲学教授，在高校工作，衣食无忧，非常罕见地跨越了自己的原生阶层。

我很清楚自己的经历只是个例。我们所处的社会与经济结构往往会给出身贫困的学生带去更多的挑战，为了让更多弱势群体出身的学生能有机会在教育及其他方面取得成功，我们必须先消除现有的阻碍。但是，我们也可以在少数成功案例中探究向上流动的道路。我发现，就我自身以及其他拥有相似经历的人而言，向上流动的成本极其昂贵。这种成本体现在生活的方方面面，包括人们所珍视的亲友关系、社群联结以及身份认同。我把这些称为向上流动的伦理成本，本书的目的就是去解答这些成本是什么，价值是什么，以及该如何应对。

寒门学子

对于大多数年轻人来说，高中毕业标志着生活进入了一个全新的阶段。如果你是个幸运的孩子，那大学生活近在眼前，是你未来成长转变、探索自我的地方。你可能已经从父母、朋友的父母或是邻居那里听说了很多他们上大学时的趣事。你可能期待着读一个自己感兴趣的专业、选课、参加社团或是加入姐妹会和兄弟会。当然，你也知道自己必须努力学习，应该更加独立，比如自己洗衣服、做饭。你可能要去离家几千公里的地方读大学，可能要做兼职来负担生活开销，可能要在图书馆打工，勤工俭学。但你的父母会告诉你，最重要的是要好好珍惜这一段独特的人生体验。

如果你是一个来自低收入家庭或第一代移民家庭的孩子，高中毕业同样也标志着新生活的开始。大学同样是你成长转变的地方，也是人生的转折点。这样的孩子就是本书所说的寒门学子。你的父母可能并不确定未来的方向，但他们希望你能够好好利用他们未能得到的机会。他们无法向你介绍自己最喜欢的教授、和你分享如何选专业、告诉你去希腊参加聚会是怎样的体验，这些都需要你自己去探索。他们希望你能获得本科学位，但也希望你能在家里帮忙干活，一起照顾年幼或生病的亲人。你可能会背上大量债务，或是需要长期打工来支付学费。不同于家境良好的同学，你可能已经在许多方面实现了独立，也许已经在赚钱补贴家用了，也许要照顾兄弟姐妹或其他亲人，也许是在没有父母帮助的情况下独立完成了大学申请。尽管如此，你的父母可能还是不希望你去很远的地方上学，希望你能留在附近。你一直听家人朋友说，大学录取通知书是一张通往美好生活的门票，但你身边的人却鲜有成功。你非常期待大学生活，但一想起该如何交上学费并顺利毕业，又会望而却步。

这两种人生缩影粗略地概括了两种截然不同的大学体验，许多学生处在这两极之间。高等教育体系中有很多不同的类别，包括社区大学、技术学校、文理学院、公立大学和私立大学，选择接受高等教育的学生也有着不同的经历。有些从小在中产阶级家庭安稳长大的孩子也会为赚取大学费用奋斗，每周工作长达 30 小时，或为了维持生计而背负大量债务[6]。有些工薪阶层的学生很幸运，入学时获得了丰厚的奖学金，也过上了以前不敢想象的富足生活。有些抱着美国梦的异国学子，无论其家庭条件有多好，在上大学时都会担心时刻被遣返回国。本书的研究样本主要为寒门学子，因为我认为，评判性地去研究分析此类案例，能够突显出向上流动过程中诸多被忽略的关键因素。

我之所以着重关注这部分学生，也是因为撰写本书的很大一部分灵感和动力来自我在纽约市立学院的任教经历。纽约市立学院位于哈林区（Harlem）中心，是一所大型公立院校，我在那里教过的很多学生都出身寒门。纽约市立学院的创始人汤森·哈里斯（Townsend Harris）宣称，在这所学校，"富人和穷人的孩子能坐在一起，共同接受教育，除了就业方向、人品和智力，他们没有其他区别"[7]。在成立之初，纽约市立学院是可以免费就读的，有着"穷人哈佛"的称号。虽然该校现在不能免除学费了，但不忘初心，努力为学生争取极低的州内学费。纽约市立学院现在隶属于纽约市立大学系统，该系统包括其他四年制本科院校和社区大学，以及一所国际知名研究生院，吸引了海内外诸多学者与研究人员，体系内学生总数超过 25 万人[8]。在该公立大学系统的学生中，有色人种占比 78.2%，家庭年收入低于 20000 美元的占38.5%，并且有 30% 的学生在校期间每周工作 20 小时以上。此外，其中有 42% 的学生是家中的第一代大学生。对其中不少学生来说，高等教育确实是走向中产的通道。

我在纽约市立学院的教学工作十分愉快，那里的学生经常会将生活中独到的洞察力带入课堂。虽然他们的学术基础和我之前在精英文理学院的学生相比，确实存在一定差异，但最显著的区别在于，他们需要应对更多校外的问题。我有许多学生周旋于家庭、朋友、社群和自身教育之间，举步维艰。每当有学生出现上课疲惫或缺课的情况时，并不是因为他们在外聚会到很晚，而是因为需要帮助照顾家里的妹妹、生病住院的表亲，或者要处理家中的其他琐事，每日劳心劳神。很多学生都曾和我透露过这种情况，有人无家可归，有人处在脑损伤恢复期，有人每周工作 50 多个小时，有人艰难偿还抵押贷款。在我近期教授的一门种族哲学课中，我们就美国人所面临的困境展开了激烈讨论，探讨因阶级和种族而产生的困境究竟有何不同。一位非常聪慧的拉丁裔女孩在课上指出，她认为阶级差异比种族差异影响更深。她的母亲不幸残疾，失去了工作能力，所以她现在是家里的主要经济来源，同时还要全职念书。她含泪告诉我们，真的太难兼顾了。她分享的内容极大地拓宽了之后课堂讨论的维度，同时也向大家揭示了大学的道路非常艰难。

寒门学子的原生家庭一般都处在美国的工薪阶层与贫困阶层，面临着很多困难。他们更有可能失业，更不容易找到好工作；更难获得良好的医疗保险，更难负担儿童保育或获得其他职业上的保障；更可能住在没有好学校的地段，同学也都是工人与贫困阶层的学生。在美国，劣势群体往往会被隔离在一起，变得更加闭塞。为了寻求更好的生活，他们不得不进入其他社群，寻找更多前进的机会。因此，这些孩子在奋斗中逃不开的一个话题就是，该如何平衡自己在原生社群与目标社群之间的身份差异[9]。

伦理成本

大部分人都知道，克服出身劣势是需要努力、时间与金钱共同加持的。工薪阶层家庭需要做出极大的牺牲才能让子女获得上大学的机会。提起高等教育，他们最常挂在嘴边的就是学费问题，事实也确实如此。现如今不仅是寒门学子，就连很多中产家庭的孩子也很难负担得起大学学费[10]。然而，寒门学子在向上流动的道路上还要牺牲其他同样重要的东西，那就是伦理成本。伦理成本是那些生活中真正有意义、有价值的东西，即亲友关系、社群联结以及个人的身份认同，而这类牺牲却鲜少被提及。

这些伦理成本是寒门学子在奋斗途中必须忍痛割舍的，也往往是最容易被忽视的。为什么说这类成本带有伦理属性？很简单，因为这类成本所涉及的是大部分人眼中构成美好生活的基本要素。我们的研究聚焦在寒门学子生活中的亲情、友情与社群联结，这些对一个人的健康发展至关重要。这也是为什么从柏拉图和亚里士多德时期开始，哲学家就在着重探究这些人类生活的基本要素[11]。

认识到这类成本的伦理性之后，我们就能理解为什么伦理成本无法像财务或其他成本一样被轻易计量。就拿学生贷款❶来说，寒门学子和越来越多中产家庭的孩子在大学时期就背上了债务，这也已经成了美国学生的普遍压力[12]。但我们也明白，本科毕业生在未来的就业机会和薪资水平方面会优于非本科毕业生。从这个角度来看，学生贷款其实是一种长远投资，未来收益要远高于目前付出的短期成本。但是，在第一章中我们会发现，这些学生所付出的伦理成本是不能这

---

❶ 本文中的学生贷款指美国一种非奖学金类财政援助，用于支付与高等教育相关的费用，并非其他消费贷款。——译者注

样计算的，因为其中涉及的伦理价值无法与金钱进行置换。一旦失去了原有的亲友关系和社群联结，就无法通过建立新的关系或是进入新的社群来弥补。

此外，不仅寒门学子要承担这类伦理成本，他们所在的家庭和社群也需要承担。起初我以为，如果纽约市立学院的学生离开家庭，去更远的学校寄宿读书，那么他们的学术成绩就会更好，有研究佐证确实如此[13]。但我之后意识到，离家的代价会很高。这些孩子身上承载着亲友邻居的支持、爱与希望，与所爱之人的联结是他们生命中的意义与价值，这些孩子也因此有着更广阔的视野。对他们来说，向上流动不是离开原生家庭就能实现的。

视角转换

在获得博士学位之后，我在斯沃斯莫尔学院，一所精英文理学院担任客座副教授。那里的学生个个博览群书、聪明过人，且有良好的学术基础，这也在我的意料之内。但我没有想到的是，那里很多学生已经展现出了良好的职业修养。在我任教的第一学期，刚开学没几周，一位很有礼貌，也很聪明的女生就来办公室找我说，她不喜欢我的课堂氛围。她说的没错，我当时犯了新手常见的问题，课堂讨论经常被几个很有表达欲的同学带着走。我们当时一起探讨了我该如何改变这种课堂氛围。那时的课堂效果确实很不好，所以我并不意外她作为学生能发现这一点，而是惊讶于她能够直接走进我的办公室，从容又有条理地指出我的问题。有人可能会觉得她太过于"自以为是"，但这其实是种非常有效的职业技能，不该被轻易否定。这种职业技能可以帮助她顺利完成本科学业，也肯定能助她在职场获得成功。她明白该如何面对权威，如何让自己的诉求被听到，如何在为自己发声的同时做到不卑不亢。我相信，她肯定可以轻松驾驭大学生活[14]。

之后，我搬去了纽约，来到纽约市立学院任教。那里的学生和斯沃斯莫尔学院的学生很像，但有更多校外事务需要处理。他们之间还有一个关键区别，就是他们在求学中对挑战与困境的态度。我很难说动他们来办公室找我咨询互动，往往最需要来的就是那些在学业上有困难的学生，但他们经常在学期过半后就不见了。面对挑战和困难，他们很容易自暴自弃，觉得是自己的能力有问题，而非题目的难度设置不合理，也不会认为是老师没有解释清楚，或者是家中的困难对他们造成了影响。他们更不会来办公室，提出是我的课堂效果不好。我在第二章中会将我所观察到的不同差异——包括学生如何面对权威和挑战、寻求帮助的频率、能否自信表达自身观点，以及对课堂环境的适应程度——与社会学者的现有发现进行对比。我并不是想表达纽约市立学院的学生在文化或社会层面存在缺陷，我的重点在于，和那些就读于精英学校、从小就打下基础的特权学生相比，纽约市立学院的学生会更难适应学术内部的文化与社交环境。

为了更好地探究纽约市立学院学生所面临的挑战，我展开了相应的研究，这也是本书的出发点。虽然和他们相比，我的大学经历在很多方面都要幸运得多，但我也能切身体会他们的难处。我乘坐机场班车到达普林斯顿大学的第一天，也是我第一次踏入大学校园的日子。还记得出发时，我外婆在机场失声痛哭，我安慰她不用担心，但我们都知道，谁也不清楚我究竟会有怎样的未来。在机场班车上，我耳边传来了另一名大一新生的声音，她正用至少三种语言打着电话，自信得令我望尘莫及。我听她提起了好几次安多佛菲利普斯学校，当时的我并不知道，那是全美乃至全世界最好的贵族学校之一。我内心的焦虑不断加深，在来到这个新世界的第一个小时，我就已经力不从心了。我拖着又大又笨重的箱子爬上了布莱尔公寓三楼，关上房门，看着自己的眼泪掉在光秃秃的床垫上，那是我第一次意识到，我正处在一个陌生的国家，以后的一切都要靠自己了。

比起很多寒门学子，我还有一点特别幸运。尽管我的家人无法指引我进入大学，但他们的经历已经帮我很好地理解了自身处境，让我对移民的历程做好了心理准备。我的直系亲属为了获得更好的经济条件选择了移民：我的曾祖父从安第斯山脉的深山峡谷搬去了附近的城市生活；我的外婆从老家来到了首都利马；我的妈妈和姨妈又从秘鲁搬去了欧洲。从小他们就告诉我，为了获取向上流动的机会，我很可能终将背井离乡，独自踏上艰难的旅程。他们理解我将面临的挑战，也让我在真正面对挑战时有所准备。最重要的是，这种向上流动的叙事更加坦诚地向我揭露了其中的伦理成本，而很多学生其实对此并不知情。

在美国，人人都知道向上流动在传统叙事下需要跨越学术与经济障碍，但却忽略了寒门学子需要面对的情感、心理以及道德挑战。孩子们对此毫无准备，因为我们鲜少会提及向上流动往往需要踩着他们最珍视的东西向上走，也就是亲友关系、社群联结、自我认知以及价值。作为教育者，我们中的很多人对他们所面临的挑战有着十分狭隘的理解，简化了他们的难处。我认为，我们需要调整对向上流动的审视视角，要对学生更加坦诚，让他们了解自己需要面对的其他重要取舍。

本书主要概述了向上流动的一种全新叙事以及个中要素，更加坦诚地面对其中涉及的伦理成本。这种全新的叙事视角涉及四项要素，将在前四章中一一展开分析。第一项要素即了解伦理成本在向上流动过程中的独特性，我将在第一章中阐述什么是伦理成本，并论证这类成本为何与其他成本不同。第二项要素即判断伦理成本的生成环境，我将在第二章中阐述弱势群体学生背负伦理成本的三类原因：社会经济闭塞、社会保障匮乏以及与主流文化之间的文化错配。这一章主要表明在很多情况下，寒门学子要付出的伦理成本并不是向上流动本身导致的，而是由美国社会资源分配不公平造成的。第三项要素即如何应对个人身份转换，我将在第三章中阐述身份转换的概念，如何同时身处原生社群与目标社群，并尽可能降低伦理成本，保证不失去个人的原生身份认同。这一项所涉及的伦理道德风险很高，必须三思而行。寒门学子需要明确自身价值观，避免因牺牲真正珍视的东西而追悔莫及。

第四项要素即反思向上流动对社会结构的影响，我将在第四章中阐述，寒门学子需要审视自己，是否会在向上流动过程中加剧社会结构的不平等，使后来人更难跨越阶层。我认为，寒门学子可以利用独特的过来人视角，运用自身经验改善社会结构。第五章整合了上述四项要素，全面呈现了向上流动的伦理视角，揭示了寒门学子在奋斗中需要承担的伦理成本。

方法论

　　本书虽涉及伦理问题，讨论人类生命中的价值和意义，但面向的读者不仅包括正处在奋斗路上的第一代移民和低收入大学生群体，还包括心系奋斗学子的教职员工和决策者。我希望本书能为读者阐明向上流动的重要方面，有助于其接受一种全新的向上流动叙事，更加坦诚地面对寒门学子在奋斗途中的得与失[15]。

　　全书从始至终强调的一个关键概念就是，看待事物的叙事视角会影响人们对自身以及未来的理解。因此，值得一提的是，本书所涉及的观点不仅有社会科学论据佐证，同时也有真人真事加以说明。我通过面谈、Skype视频连线、电子邮件和电话的方式，一共采访了28位寒门学子。我从一个哲学学者的视角，和他们探讨教育对自身生活前景的深刻影响，了解他们如何看待奋斗途中所作出的牺牲。本次访谈并不是为了对第一代学生的求学历程开展严格且系统的实证研究，而是为了表明向上流动的叙事视角远比人们普遍认为的要复杂得多。

其中很多人告诉我，他们愿意接受采访就是因为觉得这项研究非常重要，希望自己当初也能有这样的书，帮助其更好地理解这段经历。书中提及的所有人名皆为化名，在首次出现时由星号标出。我从受访者的故事中学到了很多，真的非常感谢他们的参与，我在书中尽可能地保留了他们的原话，希望能让本书内容更加丰满。

在本书中，我也会经常谈及自身经历，这是因为我自己的个人经历也是全书主题的切入点。虽然同为移民、有色人种、第一代大学生，我的经历在很多方面不同于典型的向上流动道路。我从小接受精英教育，家庭条件自我出生起越来越好，这在很大程度上和美国中上阶层受教育人群的成长路径类似，所以我并不认为自己有资格代表绝大多数有色人种、移民及贫困学生。我之所以在书中常常以自己为例，是因为在这样一部论述出身背景和教育经历如何塑造人的作品中，作者的视角与立场是需要明确的。同时，在探究这些学生求学历程的过程中，我发现自己当初所面对的困境在他们面前其实不值一提。正是这样的感悟促使我写下了这本书，所以我也希望本书能保留这份联结。

最后，本书也涵盖了我教授这类学生的切身经历。我这样做有两个原因。首先，我想展现这种伦理成本会对师生课堂互动起到怎样的影响，希望阅读本书的教育工作者能将这些真实案例与自身教学相结合。其次，书中很多内容都是我从学生身上学到的，他们是这本书的灵感及动力来源，如果没有他们，我对于向上流动的理解就会变得十分单薄。

人们对于向上流动之路的理解，或者说是误解，往往会对这些学生造成伤害。正如我在书中所论述的，传统的向上流动叙事在本质上是不够坦诚的，掩盖了寒门学子将要付出的真实成本。但是，本书的核心论点也带有对政策的批判，美国社会的不平等不仅在不断增长，而且逐步扎根于家庭与社群之中。教育确实是缓和这种代际阶级固化的良药之一，孩子们能够通过教育获取知识与技能，进而争取到比父母更好的社会经济地位。这样一来，成功突围的孩子也能反过来帮助家庭，并成为社群的榜样力量。但是，教育改变命运这句承诺忽略了这一途径对低收入社群造成的切实影响。

对于生在贫困社群与家庭的孩子来说，想要提高社会经济地位就注定要选择离家，如果希望自己的子女能在更好的社群成长、接受更好的教育，则更是如此。这种一走了之的冲动固然可以理解，但也让弱势社群失去了从内部向上发展的机会与资源。如果这些孩子在获得相应的社会、经济、文化知识，并实现社会经济地位的提升之后，选择离开原生社群，也就带走了宝贵的人力资源。这种现象通常就被称为"人才流失"，但其实，这不仅对社群内部的社会关系有着经济层面的负面影响，对这个社群来说，"流失"的也可能是儿子、是姐妹、是表亲、是街坊、是小帮手，或是导师。这些社群内部的关系纽带丰富了人们的生活，而当向上流动的道路与这些纽带发生冲突的时候，受影响的便是整个社群。在本书中，我提出要用全新的叙事视角去看待向上流动，也希望读者在读完本书之后能够理解这一角度。向上流动的道路也需要一种全新的模式，在个人发展的同时带动整个社群向上走。

第一章

向上流动的伦理成本

桑德拉 *（Sandra）匆匆赶来办公室的时候，已经迟到了15分钟，头发都淋湿了。她还没放下包，就开始连连道歉。我微笑着安慰她，说我并没有生气，因为我知道在这种天气乘坐 1 号线有多难受。桑德拉很紧张，她也确实应该紧张。她最近迟到、旷课的情况越来越严重，而且就算来了，也跟不上课堂节奏，总是昏昏欲睡的。最近几周的阅读报告她也没有提交，还有一篇重要论文快到交稿期限了。

最开始，桑德拉提出想晚几周再交作业。她说她也很想按时提交，但是真的来不及，不但通勤繁忙，还要打工……她越说越没底气，声音也越来越小。在交作业时限方面，我是出了名的严格。桑德拉可能也清楚，在交稿时间上是无法获得宽限了。我能理解她，但还是向她解释了我坚持的原则，这也确实是为了她好。如果现在还想着以后再"补上"作业，那可想而知，她今后的学业只会更加糟糕。阅读报告在最终成绩中的占比并不高，马上要交的那篇论文才是成绩的关键，那才是她现在应该重视的。

我们聊着聊着，又牵扯出了更多隐情。桑德拉告诉我，她最近有许多"家事"要处理。这个词很多学生都用过，一般用来概括以下几种情况：兄弟姐妹或子女患病；要帮家长带孩子或分担家务；家中亲戚身陷法律纠纷或财务问题。我听她说着，很心疼，但没有多问。作为教授，我的职责是确保学生学业表现良好，鼓励桑德拉把精力转移到后续的学业中。我的教学职责是让她在今天离开办公室之前，能有一个清晰的论文框架，将整篇文章划分成几个小块，逐步推进完成。从前几周的课堂表现来看，桑德拉很聪明，写作能力也很强。我现在要做的就是说服她，不管生活如何起伏，她都有能力完成这篇论文。

这场对话中也暗藏着更重要、更深层的问题，那就是如何解决教育与其他生活重心之间的冲突。我和同事经常跟像桑德拉一样的学生说，完成大学学业至关重要。桑德拉如果现在辍学，未来很有可能找不到工作。即使可以找到工作，薪酬也远不及有本科学历的人[1]。如果和许多学生一样，她在校期间还背上了债务，那之后的经济情况可能比入学前还要糟。即使桑德拉能明白这一点，但对她来说更难面对的是，她要想完成学业，就必须把自己的教育置于家庭、朋友以及社群之上。她竭尽所能想要履行个人伦理义务，但很明显已经吃不消了。在我们谈话期间，她肩膀耷拉着，声音断断续续，能看出来压力很大。如果桑德拉想顺利毕业，就必须学会拒绝她所爱的人。这就意味着，她要牺牲那些在她看来有意义乃至是立身之本的伦理价值。这些冲突和壁垒牵制着很多类似的学生，他们难以毕业，而学院和管理层却对此避而不谈。

许多出身不好的学生和桑德拉一样，在向上流动的过程中时刻面临着价值冲突与取舍。作为教授，我理应建议她优先考虑自身教育，而非生活的其他方面。话虽如此，但也是说得轻巧。桑德拉为此需要付出什么？为了毕业要牺牲什么？当真以学业为先之后，她与家人的关系又将发生怎样的变化？师长和家人在支持学生的同时，一定要了解学生需要为此付出的代价。此外，如我在本书中所述，这些在向上流动过程中处于不利地位的寒门学子一定要认清自己所面临的选择。

人们都知道，寒门学子必须做出巨大牺牲才能摆脱贫困，但也往往忽略了在很多情况下，这些孩子舍弃的都是他们在生活中最珍惜的伦理道德。他们所割舍的不仅是金钱、时间和精力，更是与亲友和社群的联结，甚至是自我身份认同。为了与经济学和社会学中的商品与成本进行区分，本书将这两者称为伦理价值与伦理成本。

本书的核心观点在于，我们既然能考虑到寒门学子步入大学所付出的金钱、时间以及精力成本，也就应该考虑到他们所面临的伦理成本。之所以将其称为伦理成本，也正是因为那些都是生命中美好且有价值的东西。本章认为，一旦理解了这些伦理价值的本质，我们就能跳出传统的成本效益分析框架，不再用衡量金钱、时间以及精力的标准去衡量伦理成本。向上流动的伦理成本是独特的，是不能轻易置换的。因此，这些孩子即便实现了向上流动，并获取了巨大的成功，牺牲伦理成本对他们来说也依然是切肤之痛。

本书不仅面向那些想帮助寒门学子接受教育的人群，还面向寒门学子这一群体本身。很多人心系第一代移民或贫困家庭的学生，却常常会忽略这些寒门子女在奋斗途中的各种潜在伦理成本。虽然这些孩子对这类痛苦抉择都早已深有体会，但我希望通过本章中对伦理成本的全面探讨，帮助他们进一步认清自身所面临的种种挑战。

托德与亨利的向上流动之路

我为撰写本书采访了很多学子，他们都与我分享了自己在向上流动过程中的亲身经历，非常鼓舞人心。我听说很多人在工作后生活发生了翻天覆地的变化，已经和父母以及童年好友的生活大不相同了。他们大多获取了本科学位，置办了房产，工作也蒸蒸日上，不仅在经济条件上优于原生家庭，而且生活也很丰富——身边的伴侣、友人以及热爱的工作都能为他们提供重要的伦理价值意义，这些是他们通过教育奋斗得来的。托德＊（Todd）和亨利＊（Henry）的经历正是如此。

托德是一位聪明善良的非裔美国人，从小与外公外婆、母亲和妹妹❶一起生活，在亚特兰大一个以少数族裔为主的社区长大。这个社区的生活水平在 20 世纪 70 年代极度下滑，用托德自己的话来说，在他的童年记忆中，"这个社区条件不太好，犯罪率很高，附近还有很多低收入居民住宅区"。托德

---

❶　也可能是姐姐，文中并未明确提及。——译者注

的妈妈曾有过毒瘾，工作很不稳定，经常长时间失业，而且他的父亲也几乎不在身边。托德小时候在当地的公立学校读书，用他的话说，那所学校里的"所有学生都是黑人"，教学水平是"出了名的糟糕"。而且，由于他们整个家族几乎都住在附近，他的表亲和妹妹也都在那所学校读书。

托德很不喜欢那所学校，同学常常嘲笑他"想当白人"，而在他看来，被霸凌的原因仅仅是他想好好学习，取得好成绩[2]。后来，学校有一位老师遇刺，托德的妈妈就求朋友帮忙，让他们把托德登记在朋友的住址下，这样托德就能去一所郊区的白人中产阶级磁石学校❶读书。谈到这里，托德当时的语气也有一些尴尬。他说那其实"并不合法，但毕竟……"。妈妈不能开车送他上学，所以尽管托德没有驾照，也只能自己开车。他再次强调这并不合法，但从他的角度来看，为了获取在原生社群中无法获得的教育资源，他也只能这样了。托德靠自己的努力顺利通过申请进入了高校，成了家中第一位大学生。我见到他的时候，他正在一所常春藤盟校攻读硕士学位，前途一片光明，之前他在联邦政府工作了几年。他目前从事外交工作，妻子是一位同样受过良好教育的女性，生活十分幸福。

亨利是一位成功的白人学者，从小和妈妈、哥哥以及姐

---

❶ 美国磁石学校是指一种开设特色课程的学校，没有学区和入学条件的限制。——译者注

姐❶生活在太平洋西北部的一个工人阶级社区。他的妈妈和外婆以前生活极度贫困，亨利自己的童年也深受贫困影响。妈妈断断续续地打着零工，靠着微薄的工资养家糊口，爸爸从来都没有帮上什么忙，一家人住在面向低收入家庭的政府补贴住房（Section 8 Housing），靠领取食物券、福利和学校的免费午餐维生。和很多贫困家庭一样，那里几乎没有暖气，也没有热水。在冬天，全家都靠着一个小型取暖器取暖，他们称为"上帝"，有时不得不用炉子烧热水来洗澡。他们家里没有电话，此外，曾经因为房东拒绝修冰箱，有一年都没有冰箱使用。亨利说，他对于童年的记忆是"一种与世隔绝的孤独感……一方面是因为当时的社会经济状况很差，另一方面是因为我们没有电话，我也羞于当时的生活状况，连和朋友看一场电影都负担不起，普通的生活对我来说都很奢侈"。

亨利的妈妈对教育非常看重。从亨利小时候起，她就开始慢慢选修必要的大学课程，最终获取了副学士学位。和托德一样，亨利并没有家人指导他如何申请四年制大学，所以就入学了他妈妈就读的那所本地社区大学。但是，他后来还是选择转学去了另一所离家很远的四年制大学。他说，他"担心家里的各种问题会迫使（他）放缓求学道路，甚至最终导致辍学"。亨利的选择其实不无道理。我见过太多住在家里的学生，他们非常容易受家中事务影响。亨利本科期间学习

---

❶ 也可能是妹妹，文中并未明确提及。——译者注

优异，之后继续攻读哲学硕士学位，现在是一所知名公立大学的副教授。他的婚姻生活也很美满，和妻子二人都有不错的收入，并置办了房产。

托德和亨利二人都是通过教育和自身努力，成功突破了原生家庭的困境。从统计数据上来说，这样的成功案例其实并不常见。托德的妈妈和外公外婆都没有上过大学，而他不仅成功入学，还在毕业之后继续一路向上走。在获取本科学位之后，各种机会就摆在他眼前供他挑选，他的机遇远比留在原生社群的人要多。在获取常春藤盟校硕士学位之后，他的前途更加光明，这都是儿时的他想都不敢想的。亨利同样出身贫寒，不但上了大学，还获取了博士学位，成了一名受人敬仰的终身教授。

这些故事令人钦佩，也很有感染力。但同时，这也是传统印象中的向上流动叙事，只要肯付出时间、金钱和精力，就能在将来获得无限回报。托德在大学期间努力到没有时间参与任何社交活动；亨利因为助学贷款几年来都十分节俭，努力攒下的积蓄一毕业就都用来还贷了。这些都是我们印象中寒门学子为了成功需要付出的代价，但这种叙事掩盖了其中更加复杂的伦理成本。

认识伦理价值

在生活中，人们常常会将时间和精力投入自认为有价值的活动、目标和社会关系中，每个人独特的人生轨迹也正是这些行为与社会关系所赋予的。我们可以扪心自问，生命中有价值的是什么？很多人肯定都会回答：是家人、朋友、社群、目标和兴趣爱好。如果幸运的话，一部分人也能在工作与奋斗中找到价值。这些都属于本书提出的伦理价值。这类伦理价值虽然不同于生活中的日常经济保障、物质生活和时间成本，但对我们有着最直接的影响[3]。

伦理价值不仅至关重要，还影响着我们的身份认同。每个人的身份认同感都与伦理价值息息相关，因为绝大多数人都在伦理价值方面投入了大量精力。我和女儿的关系对我的母亲身份至关重要；我与学生的关系构建了我教师的身份；我与秘鲁社群之间的关联不论深浅，都决定着我作为秘鲁人的民族身份认同。上述表明，这些社会关系一旦消亡或淡化，随之消散的不仅是这些关系本身，还有个人的身份意识。

儿童和青少年的伦理价值观尚未成型，未来从事什么工作、想成为怎样的人还尚未可知。对他们来说，未来一切皆有可能。随着他们着手设立目标、参加社会活动、建立社会关系，人生就开始展现出独特的价值与方向[4]。但我们不能因为未来发展就忽略青少年时期生命中的意义与价值[5]，和家人、朋友、同学、老师以及社群中其他人的种种社会关系共同支撑着他们逐步建立自己的身份认同[6]。诚然，接受教育、开发潜能、培养兴趣爱好等方面对青少年的未来发展也有不容忽视的重要性，但对于寒门学子来说，被牺牲掉的往往就是那些在成长过程中不可替代的伦理价值。

本书的目的并不在于找寻伦理价值的意义，因为那是我们需要用一生去探索的课题。我想要关注的是寒门学子与亲友、社群的联结，是那些他们在奋斗路上往往不得不付出的伦理成本。牺牲伦理价值为什么会对寒门学子造成极大影响？为了理解这一点，我们需要先思考伦理价值的两个重要特性，即其中的特殊性与不可替代性。

特殊性

我在一天漫长的工作结束后，会回家与丈夫聊天，和孩子玩耍；会建立友谊；会利用假期回秘鲁看望外婆；会担心书的出版；会关注学生的学习进展。这些都说明了我是一个怎样的人，我所认定的人生价值在哪里。人们常常会把这些价值简单分为几类，比如婚姻、亲子、友情、亲情、研究或教学。但问题在于，我所重视的并不是婚姻这个类别本身，而是与我丈夫这个具体的人之间的具体的情感联结。如果某一天突然把他换成另一位同样聪明有趣的男性，我肯定是接受不了的[7]！

这个例子虽然有些许哲学空想的意味，但指出了一个重要角度，那就是我们需要明白生命中很多意义和价值都是具象性的。对我们来说，有价值的是具体的朋友、具体的孩子、具体的社群和具体的职业。我们生命中的大部分时间都是为了更好地发展具体的人际关系、推进项目。是我的女儿卡罗琳娜、我的丈夫贾森、我的朋友萨拉，是纽约社群中具体的人们，是我具体的哲学研究生涯，是这些共同构建了我在育儿、婚姻、友谊、社群和工作中的状态。明确了这一点，我们就能理解寒门学子在奋斗中到底面对着怎样的牺牲与抉择。对他们来说，失去的伦理价值都是具体的情感联结，与其他物质、金钱和精力的损耗是不一样的。

不可替代性

伦理价值的特殊性意味着，它们的失去是无法用其他价值来替代的。每个人生命中重要的人、社群，或社会关系都无法被轻易取代。假设一位好友因病去世，即使你之后在互助小组结交了新朋友，那位好友在你心里留下的空缺也是无法用全新的友谊来填补的。获取全新的友谊或许能够减缓失去好友的伤痛，但你心中所珍视的那个特定的人终究是不可取代的[8]。这种不可替代性就是伦理价值与其他物质资源的本质区别[9]。

当然，并非所有的社会关系都是独特且有意义的。有些社会关系确实可以置换，比如搬家后，邻居之间也能很快成为点头之交。但是，当我们和某个人、某个项目或某个社群之间产生了深厚且独特的情感联结，该联结将会在生命中占据特殊的位置。在这种情况下，即使可以获取更多机会与资源，这类伦理价值也很难割舍。

在明确伦理价值的特殊性和不可替代性之后，我们就能明白为什么传统叙事下的向上流动是有缺陷的。从小我们就听人说，寒门学子只要好好学习，肯花时间，把那 1.5 万美元学费当成投资，毕业后一定大有回报。出人头地之后，家人和社群也可以从中受益，很多人都能在经济上帮助家人和社群改善生活。教育不仅可以带来经济上的收益，还能为生活带来更深层的改变。高等教育帮助学生获取知识，感知世界，了解自身价值。学生能通过高等教育鉴赏以前从未接触过的文学、音乐和其他艺术形式，在与其他同学和老师的互动中学会思考与沟通。正如哲学家约翰·斯图尔特·穆勒（John Stuart Mill）所倡导的，高等教育的目的应该是去培养"人的能力与修养"，而不仅仅是教人如何成为一名律师、一名医生[10]。寒门学子在成功之后也有更多机会可以造福社群，成为更多年轻人的榜样。这种叙事将向上流动描绘成了一种净收益的累积叠加，尽管不少寒门学子的确能够在向上流动中获取可观的经济收益，也能获取更多价值，但这并不意味着所有成本都能尽数收回。

通过自身努力，托德和亨利获取了在原生社群无法想象的教育与就业机会。在这个过程中，他们所接触的思维方式、人际关系和生活方式都是以前无从获取的。这确实毋庸置疑。他们二人都表示不后悔自己当初的选择，也都承认与其他留在原生社群的人相比，他们的生活有了极大的改善。但是，如果因此便认为这些收益能轻易弥补他们在向上流动中付出的伦理成本，那就否定了伦理价值的意义。

无法割舍的原生家庭

尽管托德所处的原生社群条件不好，但整个社群早已与全家密不可分。他的表亲、姨妈、舅舅都在同一所学校读书，他会定期去看望外公外婆。他告诉我说，他家情况"有些微妙，家里各种远房亲戚都住在附近，算上表亲，一大家子能有八九十人"。托德转学去磁石学校之后，社交圈层也跟着发生了改变，同学绝大多数都是白人，父母都属于医生这类的白领阶层。

即使托德逐渐适应了新的社交圈，他也很难轻松自处，常常担心自己入学的事会败露，从来不和新朋友提起自己的家境。虽然交过几任女友，但每当受邀去女方父母家中用餐时，他都会"尽量避免交谈，避免谈及家境和住址"，因为他当时觉得，他们之间的"家境差异实在是太大了"，如果实话实说，对方父母肯定会说："哦，你不能和我女儿交往。"

磁石学校的学生和他原生社群的同龄人不同，他们认为上大学是理所当然的。托德向同学请教了如何申请大学，并且说他一入学就经历了"文化冲击"。他在学术上得心应手，但在社交中却感觉自己"仍然是他者"。他几乎没有时间或钱去参加同龄人的社交活动。不仅如此，他还感受到一种更深层次的脱节。他和我说："在校园里其实还好……是可以假装融入的。但是，一旦我说错了什么或做错了什么，我就会担心有人看穿我的伪装。"这种情绪也被托德带到了他后来的实习和政府工作当中。他说："我没有和谁走得特别近，也没有交到什么朋友……一部分原因可能是我们的家庭背景不同，很难交往。"在成长过程中，托德在童年、高中、大学、工作中所处的社群都各不相同。然而，即便他已经成了后天社群的一部分，有着与社群成员一样的教育经历，他依然很难融入其中，很难建立新的社会关系。

与此同时，他与家人的关系也在弱化。起初，他上大学的时候经常回去看望家人。但自从他搬出去自己住了，就"完全和家里断了联系，因为我们所处的环境已经不一样了，追求的东西也不一样了"。托德搬去东北部之后，开车回家开销很大，这是原因之一。但他告诉我说，与家人关系紧张的另一个原因是"我们之间的关系变成了一种金钱往来……他们只要和我联系，就肯定是要钱"。托德一找到工作就开始给家里寄钱，但他妹妹总觉得给得不够多。他也不想拒绝家人，就索性很少主动联系了。

这种境况对托德来说很不容易。尽管他把握住了教育和就业机遇，也收获了很多，但是在我们的对话中，他还是流露出了很大的失落感。我问他有什么话想对年轻的自己说，他表示对当时做出的抉择有些后悔。他告诉我说："我当时面临的选择就好像是……要牺牲与家庭的联系才能顺利毕业。我想对过去的自己说，要想办法找到一个平衡点，不要牺牲和家人的联结。要想办法做到一边顾及家人，一边努力奋斗，不走原生社群的老路。"

托德对自己的成功肯定是自豪的，但即便如此，他还是会后悔自己当初做出的取舍。他获得的成就越多，与原生家庭和社群的联系就越少。尽管他慢慢建立了新的友情，获得了新的人际关系，进入了新的社群，但这些都不能弥补他失去的情感联结。

亨利的人生轨迹和托德十分相似。亨利回忆道，"大学最困难的（是）感到……文化上的不适应，以及对家人的担忧和愧疚感"。他的姐姐在他大二的时候染上了毒瘾，想和他一起住在学校宿舍里。亨利写道："她当时问我，能不能和我一起住（在学校），我同意了。我其实也不确定她能不能成功戒毒，但我想给她一个机会离开那个（原生）环境，也想让妈妈放心。"最后这个方案没能持续太久，姐姐的毒瘾也依旧反复。

亨利之后越来越抑郁，开始寻求心理医生的帮助。但是，当他听到一位心理医生建议他说，他其实不需要对家人负责时，他又非常生气。离开原生家庭说容易也容易，说难也很难。尽管亨利明白，想要实现目标往往需要割舍与原生家庭的联系，但在他看来：

> 我并不认为我能凭借一己之力阻止这些事发生在我的家人身上，我不认为我留下来他们的生活就会变好……我姐姐可能还是会染上毒瘾，我妈妈可能还是会被赶出家门，还有很多我没能一一列举的糟心事也依然会发生。但我至少能陪在他们身边，关心他们，照顾他们。

的确，亨利说的没错，他无法解决家人所有的问题，但就像他说的，他也确实可以选择陪在家人身边，与家人一同承担苦痛。他与家人的距离破坏了他们之间的情感联结，但与原生家庭保持距离又是他取得成功的唯一途径。回忆这段经历，亨利写道："每当我想起家人，我都觉得自己没有良心。我选择了离他们越来越远。"亨利内心这种强烈的失落感是无法用事业上的成功来缓解的，他甚至还会认为自己就是个内心阴暗的人，才会选择牺牲原生家庭来获取成功。

一旦深入了解了托德与亨利的故事，我们不难发现，亲情、友情以及社群联结这类宝贵的人际关系非常容易在向上流动的过程中受到损耗。对他们二人来说，想要在伦理价值与晋升机会中找到平衡是非常困难的。寒门学子在向上流动的过程中需要进入全新的环境，而这些新环境往往与原生社群截然不同，无论在物理距离还是在精神价值上，两者都相去甚远。想要成为新社群的一分子，势必会与原生社群的伦理价值发生冲突，而这种置换与牺牲在传统励志的向上流动叙事中是极少被关注的。

在上述故事中，我希望大家可以着重关注以下两点。第一点，在向上流动的过程中牺牲伦理价值会造成心理压力，甚至产生悔恨和罪恶感[11]。我不建议大家和亨利的心理医生一样，把这种情绪看作一种非理性的产物。人对失去情感联结感到痛苦是再正常不过的合理反应，更何况这种结果还是由主观选择造成的。即便当事人认为自己做出了正确的人生选择，也依然会怀疑这是否合乎伦理道德。这种道德上的自我怀疑也反映出了伦理成本的重要性，但这并不意味着寒门学子的选择一定是错误的。

第二点，向上流动的伦理成本不仅由寒门学子本人承担，还由他们的家人、朋友和社群承担。一段人际关系消亡或淡化，两边都会有所损失。当寒门学子与原生家庭的关系恶化，全家都会难过。当一段友情消散，两个人都失去了彼此。当与原生社群断联，该社群也流失了一位人才，对社群内部人员也有一定的影响。这一点非常重要，我会在后续章节中深入探讨。

置换伦理价值 ❶

在低收入家庭学生和第一代大学生群体中，只有21%的学生能在入学后成功获得学位，而其他学生的毕业率则为57%[12]。很多第一代大学生都希望能通过高等教育实现向上流动，但这条路对他们来说十分坎坷。诚然，其中很多困难来自财务、学业以及低收入群体普遍面临的种种问题，但也有相当一部分压力来源于寒门学子要付出的潜在伦理成本[13]。我当然并不是说伦理成本就是造成学生辍学的主要原因，我只是希望大家不要忽略伦理成本对寒门学子的影响，这样才能厘清这些学生需要付出的成本全貌[14]。

研究伦理成本不仅能帮助学者理解寒门学子为何很难实现向上流动，也能更好地明确伦理成本与其他成本之间的差异。正如前文所述，亲友关系、社群联结、身份认同往往都是寒门学子需要付出的伦理成本。这类成本具有特殊性和不

---

❶ 意指权衡利弊后做出的取舍。——编者注

可替代性，是非常重要的人生价值。因此，牺牲伦理成本的代价非常高昂，即使后期获取了教育与职业上的双丰收，也很难抵消已经被置换掉的情感价值。在本节中，我将进一步探讨伦理成本是如何被置换的，随后将在第二章继续深入，逐步分析寒门学子更容易付出伦理成本的原因，即当今社会经济隔离、社会保障不完善以及文化本身对于特权阶级的优待。

在受约束时优先考虑伦理价值

我之所以全身心投入与家庭成员或朋友的人际关系中，是因为我重视这方面的情感联结[15]。每当我的朋友萨拉需要情感支持，我都会花时间和精力去思考怎么帮她，因为她对我来说非常重要。如果我不重视这份友谊，那她就不会在我的生命中占据如此重要的位置。也就是说，不论亲情还是友情，一旦重视这类情感价值，对方自然就会在我们的人生抉择中享有优先权。但是，每个人的时间和资源都是有限的，无法优先处理所有事情。每当有两项或多项伦理价值同时出现，伦理冲突就会由此出现。因此，我们必须在权衡之后，把有限的时间和精力投入自己心中更重要的某一方面，也就是必须选择牺牲生命中的某一种价值，去置换另一种价值。

这种置换的出现是因为我们在某一项价值中能投入的时间、金钱和专注力是有限的。这种限制性本身并不是坏事，比如友情这种人际关系就因有限而特殊。我们不可能和所有人交朋友，只能选择性地结交一部分人。无论是人际关系、工作项目，还是人生目标，我们都只能将有限的精力运用在少数价值中，而正是这些少数价值影响着我们的身份认同与价值观。当然，有时部分伦理冲突也很好解决。如果让我在女儿和其他价值中选，那我肯定会选择花时间陪女儿，因为我对其他伦理价值的重视程度远不及我对女儿的重视。

即使我们都会遇到阻碍，每个人面临的阻碍也并不都是平等的。对贫困家庭的学生来说，时间、金钱或精力上的匮乏可能会对他们未来的发展造成更严重、更负面的阻碍。不仅如此，如果一个人因为缺少资源与机遇已经在生活中的其他领域严重受限，如果与亲友和社群的情感联结再受到影响，那就会更加痛苦。

回看本章开头桑德拉的例子，我们谈到了她正在努力平衡学业压力和伦理义务。她的真实境况无疑是具体的，也是复杂的。为了便于讨论，我将根据自身对同类学生的教学经验与了解，用一种假设性的合成叙事对她的案例展开探讨。假设桑德拉的妹妹身患重病，那她现在就需要在照顾妹妹和完成学业之间做出取舍，也就是前面说过的置换伦理价值。但是，要她在家人和学业中做出抉择，不仅在情感上十分困难，还对其学习、事业乃至未来发展有着重要影响。不管选择哪一方，都很可能要承担失去另一方的后果，不是破坏与亲人的关系，就是无法完成学业。由于所处的社会经济阶层不同，寒门学子会比家境优越的孩子更容易面对这种两难困境，这一点将在下一章中展开探讨。

寒门困局

讲到这里，你可能会想：桑德拉只是个例，是某一个学生就具体某一件事做出的具体选择，用她的故事来代表整个寒门学子群体是否有失偏颇？桑德拉的确很难抉择，即使她这一次没有选择照顾妹妹，下一次出现这种局面，她也会选择陪在妹妹身边来弥补这一次的缺席。面对这类两难局面，人们很容易采取轮流优先的方式来解决。事实上，回看托德和亨利的案例，我们会发现他们也尝试采取了类似的策略。在大学期间，尽管学校里还有许多其他事情可以做，托德也会选择在周末开车回家探亲。亨利哪怕为毕业和生活忙得焦头烂额，还是同意让姐姐在戒毒期间来和他一起住。那么，托德和亨利二人为何最后还是认为自己牺牲了伦理价值呢？

这就引出了真正的困局。如前文所述，人类感到痛苦的一个根本原因就是，想在有限的生命里获得所有美好的事物。人人都会做出取舍，但是，偶然一次抉择并不会造成多大的改变，是一次又一次的相同选择决定了我们是怎样的人。反复选择家庭的人就是我们所说的顾家之人，总是优先考虑友情的人才是真朋友。想要培养生命中的美好价值，不管是亲友关系、教育、社群联结，还是兴趣爱好，都需要我们不断将其摆在第一位来优先考虑。每一次看似偶然、看似渺小的抉择不断累积，最终对结果造成决定性的影响。

寒门学子可能从来都不觉得他们排斥或刻意牺牲亲情、友情和社群联结，但他们可能会在若干年后意识到自己在这些关系中投入的也并不够多。本书所涉及的领域无法全面阐述到底多少才算"足够多",答案肯定是因人而异、因环境而异的。但重点在于,即使在某些特殊情况下,我们也觉得应该优先考虑个人教育、职业发展和自身福祉,但如果真的关心手足或朋友,就肯定会想把他们放在首位。如果我们一次又一次牺牲这种情感联结去换取别的价值,那么这些家人朋友也自然会觉得被忽视了,这是可以理解的。这一点会在本书后文具体展开论述,现在我想指出的是,亲友关系与社群联结,这些我们一直在讨论的伦理价值都是双向的,是双方共同珍视的情感,一旦发生侵蚀,痛苦也是双向的。

真正的困局就在于,寒门学子面临的伦理冲突使他们很难在向上流动的道路中兼顾生命中其他重要的价值。他们经常被迫做出取舍,最终这就削弱了他们与家人、朋友和社群的关系。这种困境侵蚀了他们所珍视的生活领域和情感价值,同时也会影响他们对自身身份的认知。

高伦理成本

总结一下,向上流动涉及伦理成本,这一点在前文中已经论证过了。所谓伦理成本,就是寒门学子牺牲的伦理价值,即亲情、友情、社群联结这类生命中美好且有意义的情感。这种牺牲的代价是相当大的,因为伦理价值不仅特殊,而且不容易被替代。我在前文中指出,学生面对伦理价值冲突时会权衡利弊,置换价值。虽然这类冲突是由本身资源有限导致的，但是比起家境良好的学生，寒门学子的原生条件会限制他们不得不付出更加高昂的成本代价。

当我们告诫学生要重视并优先考虑自身教育的时候，实际上就是在告诉他们，当前生命中的其他价值并没有个人教育重要。对于幸运的孩子来说，他们有着丰富的资源，那"其他价值"之于他们，就可能是和朋友一起消遣的时间、在兴趣爱好上投入的精力或是用于旅行的经济资源。例如，一位家境优渥的学生就读于一所非常优秀的大学，那她就天然拥有更多支配时间和精力的选择权。当然，她也一样会面临取舍和冲突，但她需要选择的可能是"去意大利交换留学"，还是"接受谷歌的实习邀约"，两边都会对她未来职业和人格发展起到决定性的正面影响 [16]。可是这类学生面临的选择困境和寒门学子所面对的不同，主要有两项关键差异。第一项在于，这类学生即便选错，潜在的负面后果也不会特别严重，但是对于寒门学子来说，选错的后果很可能是毁灭性的。低收入家庭的孩子一旦辍学，就很有可能继续处在贫困状态中，债务缠身。第二项差异在于，家境优越的学生也会为自己的选择付出成本代价，但是不会像寒门学子那样影响到家庭或社群。如果贫困家庭的孩子为了完成学业而选择不去照顾生病的家人，那么就会为家里增添极大的负担。

当然，大多数学生的家庭条件既不会像上述例子中那么优越，也没有寒门学子那么严峻，绝大部分还是介于这两种极端之间。一旦面临突发的健康或财务问题，部分中产阶层的孩子可能也要付出伦理成本。也会有部分第一代大学生通过高等教育改善了后天的社会经济条件，但却发现自己和亲友产生了距离与隔阂。我之所以用极端的案例进行对比，是因为如果想要全面理解伦理成本，不仅要研究学生做了什么选择，还要考虑他们为什么会做这样的选择。为了进一步阐明这一点，我们来设想一下，在两组极端条件下，桑德拉会怎么选。

如果桑德拉是典型的寒门学子，那么她就面临着两难的困境，不管选择哪一边，都会在一定程度上为她本人及家庭带来负面影响，不是用自己的学业冒险，就是为家庭增添负担。然而，假设她出身于中上阶层，面对同样的情况，妹妹身患重病，桑德拉在外地读大学，父母只要有能力，就会请护工来照顾妹妹的日常起居。这样一来，即便桑德拉依然心系妹妹，但这种忧心牵挂和自身学业之间的冲突程度就会和原来大不相同。

这种对比也体现了我的一个核心论点，那就是伦理成本不是在真空环境下产生的，伦理成本根植于宏观的社会经济文化结构，对每一个人的影响是不平等的。在下一章中，我们将结合社会科学研究的最新进展，探讨具体的社会经济问题，如社群隔离、社会保障不足和文化错配（cultural mismatch）对伦理成本造成的影响。

选择的代价

桑德拉来办公室找我的时候，她正努力处理学校事务与家庭事务，学业已经落下了，但又需要获得学分才能顺利毕业。作为教授，我知道我的角色就是帮助她通过这门课。但是，抛开教师这层身份，我想在这里提出一个更广泛的问题：像她这样的学生，到底应该怎么做？如我们所见，答案肯定没有我们最初想象的那么简单。诚然，桑德拉选择进入大学是想要获取学历的，因为从长远的角度来看，只有这样才更有可能改善生活水平。拿到学位之后，她也才更有可能在不久的将来帮家里改善经济状况。要是已经背上了助学贷款，那就更得顺利毕业了，我坚信这一点对于我所有的学生都是适用的。

但是我们也要思考：学历背后的代价是什么？她为了毕业需要牺牲什么？大多数人是幸运的，能够顺利无忧地度过大学生涯，所以我们有时不能完全理解，为什么有些学生在同等学术条件下无法毕业。我们可能会认为是他们不够理智、不够勤奋，将他们的困境简单归结为运气不好，或者甚至觉得是他们自己不重视教育，很少有人能够意识到这些学生在伦理价值和学业教育中做出了相当艰难的抉择。我们要了解这类学生遭遇困境的外在社会原因，切不可轻易对学生下定义。桑德拉如果选择照顾病重的妹妹，那也是因为她在权衡之下将家人放在了首位，并不是她不重视教育。同样的情境下，如果另一名学生决定优先考虑自身教育，那也合情合理，是可以理解的，因为这些都是相当艰难的抉择[17]。尽管学生们可能会做出不同的选择，但决定之后，还是很可能会后悔，因为不管牺牲哪一边，他们都放弃了心中另一个相当宝贵的价值。

对于寒门学子来说，如果以家庭和社群为先，确实更有可能导致辍学，对向上流动造成阻碍。他们对于教育的重视程度不比其他学生低，只是因为家境良好的学生更加幸运，不需要做出这种艰难的选择与牺牲，也不会因为个人的选择而影响未来发展或是自身教育。

虽然我自己的求学经历不同于我的学生，但在很多方面我都能理解他们，因为我也属于另一种寒门学子，那就是移民。我成长在被恐怖主义和社会贫困共同支配的秘鲁，妈妈和姨妈都为了更好的机会选择了移民，外婆也鼓励我寻求出路。我能够体面地离开家乡、外出求学，是因为姨妈、姨父以及校方在经济上提供了支持，代替家庭承担了高昂的学费。尽管如此，我在选择来到这个国家时，就注定会与原来生活中方方面面的美好价值产生距离。我当时所做的牺牲和那些真正出身贫寒的孩子相比，根本不值一提，这种牺牲与置换虽然为我带来了更好的生活、热爱的事业，但我还是与我的国家、我的文化逐渐疏离，更严重的是，我与亲友、社群也渐行渐远。

一旦了解了寒门学子的两难境地，我们就不该轻易指责他们的选择。在我选择移民的同时，很多秘鲁人也同样为了追求更好的经济条件走上了这条路。但是也有很多人即便有机会离开，还是决定留下来，留在所爱的人身边，留在他们所珍视的国家与社群之中。他们中有很多人知道离开会有更好的机遇，但他们不愿意为了这些机遇而牺牲宝贵的情感价

值。这样的选择不是非理性的，反倒是极其理性地权衡利弊
后做出的选择。这些选择留下的同胞确实放弃了更好的教育
经济资源，但如果仅仅因此而指责他们的选择，那就太荒唐
了。然而，那些选择留在美国贫困社群的人却经常要面对类
似的指责。

世上受到社会经济与教育资源匮乏影响的人有千千万，
我并不想对他们一概而论。我想说的是，伦理冲突与价值置
换在向上流动的过程中比比皆是，我们应该考虑到，出身劣
势的群体所面临的抉择比我们想象中的要复杂得多，往往牵
一发而动全身。很多人并不是轻易放弃了教育与经济发展的
机会，而是理智地选择了他们心中真正有价值的东西。

作为桑德拉的教授，我能为她做的就只是帮她厘清摆在
她面前的各种选择的利害关系。我可以告诉她，大学学位能
为她带来什么，如果选择学业，那就一定要读下来，不能放
弃。因为一旦背上了学生贷款，之后又辍学，那她的生活只
会更加糟糕。我们可以一起讨论出一种有效的学习策略，帮
助她抽出一些时间，留出自己的空间来专注于学业。我也会
让她知道，自己作为教职员工能够理解她的处境。我们不应
该只为寒门学子描绘出一副虚假又盲目乐观的前景，要让他
们明白向上流动的道路并非一片光明，要了解其中真实的伦
理成本。

第二章

具体背景下的伦理成本

寒门学子在向上流动的道路中时常会面临各种伦理成本，无论是与亲友关系的淡化，还是与社群联结的减弱，这些变化都有可能威胁到他们的身份认同。我在本书中使用伦理价值一词来指代绝大多数人生命中有意义的重要价值，阐述了寒门学子所面临的伦理冲突是如何迫使他们在两种或多种伦理价值之间进行取舍的，而这种取舍无疑是痛苦的。不仅如此，如上一章所述，这类伦理成本也需要原生家庭、亲友与社群共同承担。

这种成本牺牲也带有一定的误导性，会让当事人认为这些选择与后果都是自己导致的。由理查德·森尼特（Richard Sennett）与乔纳森·科布（Jonathan Cobb）共同撰写的《阶级的隐性伤害》（*The Hidden Injuries of Class*），描述了蓝领工人会将自身的成就与失败归结为个人原因，并不认为是社会经济结构的缺陷致使他们的成功之路困难重重[1]。寒门学子往往认为，是自己没有扮演好兄弟姐妹、子女或朋友的角色，觉得自己的成功是以牺牲他人为代价换来的，自然而然就会因为这种视角产生强烈的懊恼与愧疚[2]。这种将成本代价内化的心态是可以理解的，但忽略了伦理成本的产生与不平等的社会经济结构之间有着密切的联系。

上一章论述了寒门学子（以及他们的家庭与社群）由于原生家庭的背景劣势，会比家境良好的同学更容易付出惨重的伦理代价。这种背景差异是美国资源与社会保障分配不平等所带来的附加产物。但也正因如此，这种差异性可以通过制定相应的社会、经济、政治政策来缓解。为了推动这一主张，我们需要进一步了解社会经济结构是如何影响伦理成本的，这一点将在本章中具体展开说明。

我们将着重探讨三个关键因素：社会经济与种族隔离、社会保障与医疗资源不足，以及文化错配，这三项共同造成并加重了寒门学子及其亲友社群所面临的伦理困境。我列出这些因素不是为了对各种社会现象口诛笔伐，而是希望能够阐明，寒门学子艰难的向上流动之路与社会经济结构紧密相连，他们一心求学，寄希望于教育以改变命运，却往往需要付出极大的伦理代价，这一点与社会大环境是分不开的。

这种价值困境虽然少见，但也绝不仅仅发生在寒门学子身上。女性、少数族裔，以及其他边缘人群都会面临这样的困境，发现自身发展与所爱之人的发展相互对立。一位事业型母亲如果发现自己无法兼顾家庭与工作，就可能会将这种矛盾冲突内化，将超出她控制范围的社会结构缺陷视为自身问题，由此对家人越来越愧疚。同时，由于缺乏儿童保育、医疗以及养老方面的社会保障，越来越多的美国中产阶级家庭也面临着同样的困境[3]。本书虽然聚焦于寒门学子，但这一群体的处境也揭露了更广泛的社会现象。社会不公、种族隔离、仇恨歧视以及社会保障匮乏，这些社会背景问题很容易破坏局内人与亲友社群之间的联结。这类有缺陷的社会结构虽然不至于将人口简单划分为特权群体与弱势人群，但足以让我们看清问题所在，明白所有人都在一定程度上受到了这三种因素的影响。

杰隆的故事：螃蟹效应

人际关系是人生中最重要的一部分。亚里士多德认为，人在本质上是社会性的，我们在他人的陪伴下成长[4]。当代哲学家塞缪尔·舍夫勒（Samuel Scheffler）提出，人生课题与人际关系"塑造了人类生命的目的"，是生命中的核心价值[5]。我们从婴儿到成年的发展主要是通过与周围人的社会关系来实现的，朋友与家人不仅构成了自身所处社群的核心，也对个人发展至关重要。但是，对寒门学子来说，种族与经济隔离意味着这些人际关系与他们自身发展必然是相互牵制的。

这一点在杰隆*（Jeron）的故事中就颇为明显。杰隆来自得克萨斯州，是一位年轻的非裔美国人。他与我交谈时，身着一件挺括的衬衫，打着领结，是一位温柔细心、有亲和力的大学升学顾问。很少有人会猜到他的成长环境极其贫困，母亲患有毒瘾，高中肄业。他的家人中没有人读完高中，全家靠着社会补助生活，住在奥斯汀市（Austin）一个第八条法案授权的低收入补贴房社区，那里的居民绝大多数都是非裔和拉丁裔美国人。杰隆和我说，他们的生活重心就是"活下去"，以及"确保有饭吃"。

我向杰隆问起他童年好友的近况,他说社群里的同龄人大部分"都还在卖毒品,仍然在街头维生"。他们都是杰隆在小时候非常依赖的人,尤其当时他的母亲已经无法对他履行应尽的抚养义务,哥哥姐姐又时常入狱,是社群对他伸出了援手。后来他原生家庭的处境越来越糟,杰隆便在七年级的时候离开了家,有时睡在朋友家,有时睡在马路上,他其中一个朋友还收留过他一段时间。在他无家可归的时候,他把自己仅有的家当都藏在一个桶里,偷偷放在每天上学路过的一个灌木丛后面。这个秘密在他高三的时候被学校的橄榄球教练发现了,这彻底改变了他的人生。教练不仅收留了杰隆,还帮助他考上了兰斯顿大学,那是美国历史上第一所为非裔开办的高等院校。在获取硕士学位之后,他现在就职于得克萨斯州一所州立大学的寄宿生活与学习部门,帮助更多和他一样的学生进入大学。

作为一名大学升学顾问,杰隆常常反思自己成功的道路。他告诉我,他在向上流动的过程中遇到的最大的困难就是,要小心被昔日的朋友家人"拖"回去。他将称其为"螃蟹效应"。就像一只螃蟹想爬出水桶,但会被其他螃蟹拖下去一样,寒门学子也是如此,不管对方出于何种用意,他们在向上流动的路上必然会受到所爱之人的牵制。杰隆只有一位童年好友上了大学,其他所有相熟的人都在"卖毒品、打球、参军,或是无所事事,不是死了,就是进了监狱"。所以杰隆在入学后就和整个社群断了联系,并搬去了俄克拉何马州,因为他认为,"想要顺利毕业,就只能完全断联"。直到最近,杰隆才开始重新拜访他的老邻居。

杰隆的故事是向上流动过程中的一个极端案例。他所处的原生社群极度贫困，引发的问题和挑战也非常集中，在社群内部几乎没有向上流动的可能性。对他来说，原本的人际关系不仅无法塑造人格，还成了负担，想要向上发展就只能选择离开。

离家远走

杰隆的案例体现了贫困对生活带来的严重影响，这种情况并不少见。如本节所述，虽然不是所有寒门学子都会面临像杰隆那样的极端情况，但对他们来说，在原生社群几乎无法获取教育与经济发展的机会。因此，即使亲友对他们关爱有加，十分支持，这些出身寒门的孩子依然要离开他们所爱的人才能追求向上发展的机会。为了上大学，为了以后能找一份中产的工作，为了让未来的孩子生活在资源更好的社群，为了子女可以上大学，他们必须与原生社群保持距离。这种距离不仅是字面意义上的，也是精神层面的。他们要逐渐将自己从熟悉的人际关系、情感联结和观点立场中剥离。这种距离究竟有多远因人而异，但在向上流动的道路中奋斗的每一位寒门学子都经历过这样的妥协。

在美国，出身贫寒的孩子身边往往也都是和他们家境相仿的人。贫困现象常常集中在某些特定的社区，这就意味着低收入家庭的孩子更容易和其他贫困家庭生活在一起，学校里的同学也都是一样的境况。如果这些孩子还是拉丁裔或是非裔，那他们学校里至少有 2/3 的学生都来自低收入家庭，这种概率是白人孩子的两倍[6]。

贫困人口聚集的社群本身就会存在很多严重的问题，导致社群内部很难获取良好的基础教育。出于各种原因，比如资金不足、班级人数过多、教师经验不足、暴力事件多发、社会保障匮乏等，贫困社区的学校教学质量要远差于中产阶级社群，毕业率也更低（贫困社区学校毕业率为 68%，低贫困率的学校毕业率为 91%），即使毕业，学生后续进入四年制大学并获取本科学历的概率也还是更低[7]。杰隆就读的高中，其生源都来自低收入有色人种家庭，在他毕业的那一年，全年级 260 名学生中只有 60 名顺利毕业。那所高中多年以来一直被得克萨斯州教育局判定为"学术能力不达标"，之后就被关闭了[8]。杰隆能从高中毕业已经实属不易，后来能离开原生社群并考入大学几乎称得上奇迹。

出身贫寒的孩子不仅在物质资源层面与中产阶级孩子不同，他们的社群构成与社交圈层也不同于其他学生。由于社会经济隔离，贫困家庭孩子的原生社交关系都是和那些同样出身劣势的同龄人建立的。这本身并没有什么问题，但是，如我们所见，贫困人口聚集的社群更容易滋生其他严重的问题，威胁这些社交关系的稳定性。不仅如此，出生在贫困社群的儿童不但会和同样处境的孩子朝夕相处，一同上学，也会在社群内部产生深厚的情感联结。社会学家安妮特·拉鲁着力研究工薪阶级和中产阶级家庭的养育方式，她发现工薪家庭的父母会给孩子更多自由，允许他们花大量的时间与附近的其他孩子或是表亲一起玩耍[9]。因此，这些孩子自然就和同样出身工薪或贫困家庭的亲朋好友感情更深。相比之下，中产阶级的孩子有着更为严格的时间表，穿梭于钢琴课和足球训练等课外活动之间。通过这些社会活动，他们就与其他中产阶级成年人与同龄人建立了社交关系。

研究数据表明，出身贫寒的孩子往往生活在贫困人口聚集的社群，就读于条件较差的学校，交际圈层也往往都是同样身处劣势、举步维艰的人。但这并不代表寒门学子在向上流动的过程中面临伦理成本就是有问题的。即便是受过良好教育的中产学子，他们也会离开家人，去很远的地方上大学。事实上，在美国如今的高等教育体系中，学生去外地上大学已是常态[10]。那么，寒门学子的被迫移居与这种普遍现象究竟有什么区别？经济和种族隔离与伦理成本之间又有着怎样的联系？

其中第一个关键区别在于，对于在极度贫困的社群长大的学生来说，为了获取更好的教育资源，为了自己的孩子以后能在一个相对安全的社区成长，为了未来孩子的教育条件，为了获得中产水平的生活，他们必须离开。诚然，很多中产家庭出身的年轻人也会出于种种原因离开原生社群，但绝大多数都不是必须离开的，而是自由选择了离开。即使选择留下，不管是住在离家很近的地方，与亲友密切联系，还是保持与原有社群的紧密联结，都不会有什么严重的后果，但如果换成与杰隆经历相似的寒门学子，留下就几乎等同于放弃了脱贫的机会。

　　第二个关键区别在于，寒门学子离开原生家庭与社群是为了获取更好的资源，而中产家庭的孩子离家远走往往是为了"体验"不一样的大学生活。并且，这两类学生做出的选择对他人也有不同的影响。寒门学子会从各个方面为家里作出贡献，包括亲密关系、相互照顾、情感支持、保育护理，通常还会有经济上的支援。那么一旦离开，他们就很难继续和以前一样为家里提供帮助。不仅如此，他们也能在原生社群内部发光发热，是小孩子们的榜样，是社区志愿者，是邻居的好帮手。寒门学子所在的社群往往是贫困人口聚集地，居民大多相互依赖，相互扶持。因此，在这些孩子离开之后，本就举步维艰的社群也失去了相应的伦理成本。当然，寒门学子的成功对家人和社群也是有益的，这一点毋庸置疑。我只是想要指出，凡事有得必有失，他们的成功也在一定程度上加重了亲友与社群的负担。而这种负担一般不会发生在家境良好的学生身上，因为他们大多都是自愿选择去外地读书的。

　　同时，我们也要明白，社会经济隔离对人的影响是多方位的。比如，美国历史上的红线政策❶引发了诸多住房歧视，导致很多中产阶级的非裔美国家庭也同样面临很多本不该存

---

❶ 红线政策（Redlining）起源于美国 1934 年在经济危机背景下颁布的国家住房法，是一类针对少数族裔和贫困人口的歧视性政策，加大了相关人群的贷款难度，强化了美国社会的种族歧视和社群隔离。——译者注

在的困境 [11]。

到目前为止我们不难发现，寒门学子为了实现向上流动常常不得不背井离乡，这给他们本人以及所在社群带来了巨大的伦理道德负担。但是，杰隆的故事提出了一个微妙的问题，有人可能会以此为理由而否定上述观点。据杰隆所说，许多童年好友都涉足犯罪或毒品，远离他们难道不是应该的吗？

在这种情况下，我们其实更应该全面看待问题，不能一概而论。杰隆的原生社群和其他社群一样，有人犯罪、涉毒、精神失常，也有人努力生活、奋力脱贫。我们不能轻易就把一整个社群看作犯罪窝点，只能说内部确实有很多问题需要解决，任重而道远。

面对这种困境，我们可以从两种不同的视角去看待。第一种是从他的成长环境出发，我们可能会认为，为了自身发展，杰隆最好还是要和原生社群保持一定距离。但同时，这种困境还存在另一种审视视角，虽然没有那么直观，但触及问题根本，并抛出了另一个问题：杰隆就必须承受这样的距离吗？向上流动的成本难道应该用疏离亲友来置换吗？我想，这个答案显然是否定的。

如果一个社会将部分人口的个人发展与他们和亲友、社群的情感联结相互对立，那么这个社会在本质上就存在一定的问题，因为削弱伦理价值并不是向上流动的必要因素。假设杰隆成长在一个社会经济多元化的社群，那他一定会有不一样的成长经历。即便家境贫寒，他也不必像现在这样只能极力远离原生社群。他就读的学校会有更好的资源、更高的学术水平；他的社交圈层也会有各种不同年龄、不同教育背景、不同社会经济背景的人。如果需要寻求帮助，周围的邻居不至于每个人都和他一样生活拮据，他也不至于在高中时就无家可归。他的成长环境中会有很多能作为榜样的成年人，就算没有奇迹般地遇到那位橄榄球教练，也有其他途径可以脱贫。

要明确的是，我并不是说杰隆换一个成长环境会更好，而是想要指出，如果他的成长环境里有更多的人处于更好的条件，或者这些挑战没有集中在他的社区，情况会更好。不论贫富，滥用药物、酗酒和精神疾病都影响着每一个人。但是，如果能向更多的资源寻求必要的护理与帮助，能够获取其他家庭的支持，那就能大大减轻家庭困境对儿童的影响。在更有利的社会经济环境下，社群内部的孩子即便选择去外地读书，与家人的距离会对自身、对社群造成一定的影响，但本质上也不同于如今寒门学子不得已的选择。他们之所以会选择牺牲自己与社群的联结，是因为不断联就无法脱贫，他们的抉择往往是痛苦的，是带有悲剧性的。

社会经济隔离给美国社会带来了很多负面影响[12]。贫困人口本身能够获取的资源已经相当匮乏，他们所在社区的学校、公园、社会服务以及其他资源也比相对富裕的社区要差。教育质量低下同时也意味着寒门学子更难在原生社群内部获取向上发展的机会。此外，人们很少会意识到，在弱势群体集中的社群，每当有才能的成员流动离开，社群内部也会承担相应的伦理成本。除了人才外流造成的经济与人力资源损失，原本紧密相连的亲情、友情和社会纽带也可能随之消散。

卡洛斯的故事：选择留下

杰隆为了成功不得不疏远原生家庭与社群，但从某种程度上来说，他是比较幸运的，至少还可以离家去外地读书。在美国，超过六成的第一代大学生选择在校外居住，很多人都还是和家人一起生活[13]。卡洛斯 *（Carlos）是我政治哲学课上的学生，学习刻苦，善于思考，能言善辩，当时学期结束就可以准备毕业了。他看起来一路顺风顺水，成功唾手可得。但是，和许多纽约市立学院的其他学生一样，他表面风平浪静的生活背后也暗藏复杂的背景故事。卡洛斯发现我正在撰写本书之后，便主动联系我，迫切地想与我分享他的经历。

卡洛斯成长于一个多米尼加人聚集的社区。他在邮件中是这么描述的："那个社区（以前）全是单亲妈妈，很多人几乎不懂英语，（其中）很多都从事低薪工作，要靠政府补贴来养活孩子。"他的妈妈在市中心的一家银行做出纳，几乎是凭借一己之力拉扯大了两个儿子。他的舅舅当时已经大学毕业，常常会帮忙补贴家用，也是家里的精神支柱。有妈妈和舅舅共同帮扶，卡洛斯其实已经比美国很多第一代拉丁裔学生要幸运多了。但是好景不长，稳定的家庭状况很快就被打破了。在几年间，他的舅舅染上了毒瘾，妈妈失去了工作，并开始酗酒，哥哥[1]也因强奸罪入狱。尽管生活一落千丈，卡洛斯还是成功申请到了大学的入学资格。

刚刚进入纽约市立学院时，卡洛斯很不适应，觉得自己并没有做好学术上的准备。不仅如此，更麻烦的是，他当时住在家里，家中情况在他上大学期间越来越糟。在卡洛斯刚刚进入纽约市立学院不久，哥哥就出狱了。这本来应该是件好事，但事实远非如此。他的哥哥入狱五年，回家后不久就因为吸毒引发精神崩溃，患上了妄想症，并且伴有暴力倾向。当哥哥再次被捕后，卡洛斯甚至感到松了一口气，但很快又为自己的这种念头感到愧疚。在那场痛苦的风波之后，卡洛斯开始变得有些抑郁，在学校生活中也很难与他人相处。他写道："我因为不懂社交，就经常在派对上疯狂喝酒。因为出身不好，哥哥不但混黑社会还在坐牢，同学们都会用异样的眼光看我，所以我当时也时常卷入吵架斗殴当中。"很快，他就面临着辍学的风险。幸运的是，卡洛斯最终还是努力扭转了局面。他找到了自己喜欢的学术方向，有位教授帮他安排了一份校内实习，获得了稳定的收入。他也开始更加注重自身学业，在毕业后找到了一份不错的工作，成了一名助理律师。他一年多后联系到我，那时就已经有了一份能让妈妈骄傲的工作，甚至还能偶尔为家里提供经济帮助。

卡洛斯和前几章中提到的寒门学子一样，克服了巨大的

---

[1] 原文未明确表示是哥哥还是弟弟，译文默认是哥哥。——译者注

挑战才得以改变生活。他的经历是一个逆风翻盘的故事，人人都爱听这样的故事。我们敬佩他的勇气和决心，这一点毋庸置疑，但也很容易将他所面临的困境简单归结于运气不好，觉得他勇气可嘉，敢于直面人生厄运，认为他的成功就是努力突破了个人困境。然而，卡洛斯的困境根本就不是运气造成的。

卡洛斯哥哥所受到的指控相当严重，如果真的犯法了，那么入狱也是罪有应得。但是，美国的刑事司法系统对很多少数族裔的工薪阶级人民非常不公平。卡洛斯指出，他们家"根本没钱请像样的（律师）"。在他哥哥第一次被捕后，妈妈为了请律师花光了全部积蓄，但是用卡洛斯的话来说，那位律师表现得非常不称职，最终也没能帮助哥哥免除牢狱之灾。此外，更大的问题是，美国的牢狱体制对人几乎没有改造作用。在刑满释放后，他的哥哥也无法步入全新的生活，需要家人自行应对他在狱中所患的精神疾病。由于缺乏精神疾病方面的医疗保障，很多有着相似经历的家庭都只能眼看着家人再次入狱，而牢狱体制的目的也并不是帮助人们早日重新回归社会，只是简单收监了事[14]。我们可以理解卡洛斯对同胞哥哥的复杂心情，也明白他的内疚是人之常情。但是，纵观卡洛斯一家的困境，他哥哥时至今日的处境并不完全，甚至并不主要是家人的责任，而是因为他们一家缺乏法律援助以及心理健康方面的医疗保障。但凡可以想通这一点，哪怕不能减轻卡洛斯的愧疚感，也可以帮助他理性地建立一种分寸感，不必太过自责以至于影响自己的学业。

为了了解社会结构在卡洛斯的故事中的影响，我们可以再次想象一下，假设他的家庭享有足够的法律资源及心理健康保障，那么，当他发现自己的哥哥犯下大错，还患有精神疾病的时候，即便同样紧张焦虑，他至少可以安心地把哥哥交给有效的法律系统和医疗监护机构。比起眼睁睁地看着自己的妈妈、舅舅、哥哥举步维艰，却又无能为力，良好的社会结构保障可以大大减轻他在大学时不得不背负的情感与心理压力。同时，如果他的家人能及时获得所需要的帮助，他们自己的生活也能变得更好。卡洛斯的困境之所以如此令人揪心，在很大程度上是因为他所作的选择的潜在后果非常严重。如果他选择与家人保持距离，那就亲手剥夺了他们最重要的一个情感依靠；如果他因此而不幸辍学，那他自己的前途也会大打折扣。卡洛斯凭借着自己的勇气与决心，努力避开了两败俱伤的局面，但是，受这种困境影响的远远不止他一个人。

顾全家庭

对大多数人来说，父母、兄弟姐妹、子女和配偶的幸福都是他们优先考虑的。即便是非常年幼的孩子也会共情自己的照顾者，经常希望能反过来帮助他们[15]。随着孩子慢慢长大，这些社会关系就在他们走向成年的过渡阶段中发挥越来越重要的作用。研究数据表明，人与家庭的情感联结越强烈，自身的幸福感与教育预期就越强[16]。然而，对于低收入家庭以及某些少数族裔（如拉美裔、亚裔等）家庭的孩子来说，强烈的家庭情感联结也会带来沉重的伦理义务，如果再加上较为恶劣的社会经济环境，就会影响学术成就[17]。

在上一章中，我论述了一个人是否注重社交关系，一部分体现在他 / 她是否会在众多选择中优先考虑所爱之人。如果有家庭成员陷入困境，不管是身体不适、突然失业，还是面临其他方面的困难，家中的孩子们也会很自然地有一种想要出一份力的冲动。如果实在年纪太小，那确实帮不上什么忙。但如果已经处在青春期阶段，那他们往往就会成为家里的重要依靠，可以帮忙辅导弟弟妹妹的作业，照顾家中老人，甚至有些也会去打工补贴家用。然而，青春期刚好也是他们准备进入大学的重要阶段。这样一来，这些孩子就被两种义务责任夹在中间，专注自身教育就意味着他们必须放弃帮扶家里，可是，由于缺乏足够的社会保障网络，家中可能除了孩子也别无所靠。最终，这就造成了寒门学子的两难伦理困境，他们在实现自身教育抱负和照顾家人之间犹豫不决。

学者苏珊·赛（Susan Sy）和杰西卡·罗梅洛（Jessica Romero）曾在拉丁裔移民的女性大学生群体中展开调研，发现想要兼顾学术成就与家庭义务属实不易[18]。她们的研究表明，年轻的拉丁裔女性更容易将独立和自给自足这两个概念理解为在经济上帮家里的忙，而且其中很大一部分人都认为自己需要代替父母照顾弟弟妹妹。在进入大学之后，这些年轻女性面对的义务与责任发生了转变，但两位作者指出，对家庭的关心照顾很可能会分散她们在自身教育中的注意力。

尽管这种两难困境在年轻的拉丁裔女性身上尤为显著，但对每一位寒门学子来说，家庭与学业之间的矛盾都很常见。例如之前提及的卡洛斯，他需要独自应对各种难题，哥哥入狱（虽然获得了一时的解脱，但也有随之而来的愧疚感），妈妈酗酒，舅舅涉毒，并且家中也没有相应的法律或医疗资源能帮助他解决这些问题。他被接二连三的种种负担压垮，差一点辍学。从这个角度来说，即使是对于那些在传统意义上不需要扮演照顾者角色的学生来说，家庭的危机与困境往往也是他们在大学学习生活中最大的阻碍。

我并非是想轻描淡写地带过性别对伦理困境的影响。这个社会对性别职责的不同期望经常会导致女性不得不承担更多的护理工作，同时也加重了她们追求教育与职业发展的困难程度 [19]。社会缺乏托儿服务及养老服务的现状也确实会进一步加剧寒门女孩所面临的伦理困境 [20]。与社会阶层一样，父权制度下的社会与文化驱动力会导致女性的向上流动之路更加艰难。然而，我们也不能简单地将性别议题与向上流动全盘联系在一起，不应该轻易建议每一位年轻的寒门女性都离开家庭，放下原生文化，拒绝照顾家人，从而导致她们疏远或完全失去这份伦理情感价值。那篇拉丁裔女性大学生群体的调研结果表明，很多受访女性都认为这种伦理义务不是强制性的，而是自愿的，同时也承载着她们作为拉丁裔移民的文化身份 [21]。至此，我并不是想否认她们以及其他寒门学子的艰难处境，而是想要指出，有些人选择优先家庭并不是错的，相反，是那些简单将家庭因素归结为成功路上的阻碍的人，没有意识到家庭关系对这些年轻人的重要性，而这份重要性也不是我一个人用一本书就能说得清的，需要整个社会来关注。

更重要的是，在很多情况下，家庭之所以会对寒门学子造成负担，是因为他们没有获得应有的社会保障[22]。社会学家萨拉·高特力克-拉布（Sarah Goldrick-Rab）和希望实验室❶（the Hope Lab）的各位研究人员一直以来着重探究低收入大学生需要付出的各种隐性成本[23]。他们发现，官方统计的大学费用并不全面，尤其是对于低收入家庭来说，有一部分实际成本无法被量化。例如，学生财政资助表中没有考虑到如果学生选择不上大学，那他们在这期间本能获取的收入有多少，又能帮家里作出多少贡献。高特力克-拉布与肯德尔（Kendall）在文献中写道："许多来自极低收入家庭的学生在上大学之前就已经为家里作出了巨大的经济贡献。他们会帮助支付房租、接送并照顾家庭成员、购买食物、支付医疗费用等。而当这些学生选择为了大学学业减少工作时长的时候，这些经济贡献也相应减少了。"[24]尽管两位学者的研究着重于大学财务的可负担性，但也从一方面向我们展示了低收入家庭的孩子上大学之后，他们所承担的家庭义务与经济负担之间的紧密联系。

正是因为社会经济结构导致许多家庭缺乏足够的社会、

❶ 希望实验室是一个非营利性机构，专注于开发科学技术，以改善青少年的健康与福祉。——译者注

医疗与财政支持，儿童保育、养老问题，甚至医疗护理的空缺才会需要寒门学子来填补。他们一旦离开，家庭很可能就无法维持生计，进而陷入更加绝望的境地。很多家庭最后只能依靠年纪更小的孩子来支撑，别无他法。这些现实困境对寒门学子的教育水平有着不容小觑的影响。

瑞安诺的故事：缺乏"邮件礼仪"

如前文所述，社会经济隔离以及社会保障的缺失共同造成了寒门学子高昂的伦理成本。我在纽约市立学院任教之后发现，有很多种结构性因素都会对学生的生活造成影响。那里的学生有的无家可归，吃不饱饭；有的家中医疗困难，倍感压力；也有的在学业与家庭的双重负担下喘不过气。但是除此之外，还有一种文化层面的结构性因素，影响着学生在大学校园中的社交规范与学术期望。

在整个学期中，我的课学生可以缺勤三次。我相信他们能够理智地安排时间，请假也不需要找借口或者请医生开证明。尽管我在课前已经明确说明了考勤政策，但每每临近上课时间，我都会收到各种请假邮件，不是公共交通延误，就是幼儿无人照看，或者工作临时需要调班。这些邮件很多都是通过手机端发送的，因此通常也不符合格式规范，完全不像是学生发给教授的邮件。我和同事对此已经习以为常，但是，有一次我随手点开了瑞安诺*（Rhiannon）发来的邮件，还是被吓了一跳。映入眼帘的是一张男子坐在病床上的照片，他整个头都裹着纱布，表情非常痛苦。邮件正文写得很仓促，是瑞安诺说她要请假。她已经缺勤好几次了，这次的理由是她姐姐●的男友出了意外，需要瑞安诺陪同入院。我当时心中立刻冒出很多疑问，到底出什么事了？为什么需要瑞安诺陪护？她的姐姐呢？把这样的照片发给自己的教授，她不觉得不太合适吗？

　　基于前文的论述以及纽约市立学院的学生构成，我们可以构建一下这类学生的生活背景。当然，我们在此做出的假设并不针对瑞安诺本人的真实情况，而是模拟梳理以她为代表的这一类寒门学子的综合现状。和许多低收入家庭的学生一样，瑞安诺可能也住在家里，而且表露出了一种强烈的家庭责任感。此外，她的家庭很可能也比较困难，不仅在财务方面，在医保、医护与社会保障方面的资源也相当匮乏。她在大学期间每天都要面对家中的各种困境，缺勤次数远超三次，很明显已经影响到了她的学业。

　　抛开这些不谈，那封邮件中的措辞和附件照片也暴露了其他问题。她在学术社交方面的认知与主流规范之间存在一定的文化脱节，说明她并不了解在真实的大学学术环境中师生应有的邮件沟通模式。一封邮件本身不会影响我对她学术能力的看法，在我这里，影响成绩的关键因素只有作业质量与完成态度。但是，她的学术邮件礼仪很有可能会影响她与

● 原文未明确表示是姐姐还是妹妹，译文默认是姐姐。——译者注

其他教职员工的关系。与我之前在斯沃斯莫尔学院的学生不同，纽约市立学院的很多学生在邮件往来方面缺乏一定的专业性。我经常能收到很多真诚的、有趣的、天马行空的邮件。对此，我非常珍惜，但也很担心这些孩子会因为缺乏一些约定俗成的专业沟通技巧而失去进一步深造或是实习与工作的机会。因此，我现在会明确要求学生注意邮件规范，甚至在教学大纲中标明了我所希望看到的专业程度（例如，邮件至少要以"亲爱的教授"开头）。缺乏邮件社交礼仪只是寒门学子和高校社群之间文化错配的表现之一，在下一节中，我将进一步论证这种文化错配的真实性，以及文化错配对寒门学子学术成就的影响。

文化斡旋

高等教育院校以人为本，有一套自己的文化与社会规范。课堂内外的很多事情都是由教师、学生、指导老师、行政人员和其他工作人员之间的学术社交关系决定的，而这些关系又在各方所处的不同社会、文化体系中斡旋。为了在高校取得成功，寒门学子必须学会用一种独特的社会规范来适应全新的社交圈层，而这些文化规范很多都是他们在步入大学校园之前从未接触过的。

当我问杰隆他进入大学后最大的挑战是什么的，从他当时的回答中不难看出，他在此之前就已经对这个问题有了一定的思考。他答道："最大的挑战是我对社会规范的认知，我发现我所认为的常态其实并不是全社会的常态。我一直以来都有很强的攻击性，戒备心很重，因为我得保护我自己，否则就会有人抢走我的东西，或者来伤害我。进入校园以后，我必须快速调整自己的生存本能与防御机制，否则很难获得成功。我当时完全不知道该怎么调整。"对很多与杰隆类似的学生来说，适应大学生活不仅需要学习如何利用更大的图书馆资源，如何高效地记笔记，如何在娱乐面前优先自己的学业，还需要适应如何在新的环境中展现自己，学会调整自己的行为举止，改变与他人的基本社交方式。这些孩子会发现，他们从小熟悉的社会规范与高校内部的行为准则之间存在着巨大差异，这便是社会学家在研究中经常提到的文化错配现象。

每当"文化"一词被用来解释贫困问题时，我们都需要格外小心，不要被某些偏颇的贫困叙事左右。几十年来，总是有保守党人尤其热衷于"告诫"非裔或拉丁裔年轻人，让他们穿着整齐，剪掉脏辫，为自己的未来负责。这类贫困文化叙事有时就是一种"体面政治"（respectability politics）。体面政治的拥护者认为，低收入的少数族裔人民坚守自身价值观的行为吃力不讨好且适得其反。这种观点说好听一点就是，认为只要年轻人穿着体面，好好读书，然后努力工作，就能轻松步入中产阶级。拥护者认为，一个人如果不成功，就该从自己身上找原因。但是，这种观点往往将问题过度简化了。如前文所述，已有大量的社会科学研究数据表明，比起个人原因，社会经济隔离和社会保障匮乏这样的结构性因素更容易加剧整个社会的不平等[25]。我援引文化因素，并非想要固化这种过度简化的分析方式，我们不该把社会中的不平等归咎于贫困人口所处的文化，或直接将他们的文化归为劣等。

当然，我们也必须正视文化的作用，忽略文化因素也就忽略了寒门学子的一项核心困境。上述这种文化归因论的部分问题在于其对文化的理解过于单薄。该理论将文化描绘成一种巨大的实体，无论是价值观，还是文化规范，也不管是语言，还是衣着服饰，该理论都认为其中的所有成员不分社群、种族、民族或国籍，全部都认可这一文化。我们但凡从自身角度想一下，就会发现其中的不合理性。

首先，很显然，并不是所有非裔、拉丁裔、美国原住民或白人都能接受并共享同一套价值观，社会规范、语言风格和衣着服饰更是不尽相同，文化也并非仅仅涉及这些因素。社会学家安·斯威德勒（Ann Swidler）就曾呼吁人们拓展对文化的认知，将文化视为一种用来理解与感知世界的框架。她认为，文化包含了人们用以解释并构架具体行为的不同习惯与方式，不同技巧与风格[26]。每个人由于自身在社会中的不同处境，可能会采用相应的文化框架。例如，一位在内城❶（inner-city）社区长大的年轻拉丁裔女性，她可能与拉丁裔群体、年轻女性群体以及相同成长环境下的其他群体都有能够互通的文化框架。鉴于人们现在的居住环境往往存在种族或

---

❶ 内城一词在美国一般是少数族裔低收入居民区的委婉说法，通常指市区或市中心地区的破败社区。——译者注

经济隔离，那她身处的文化框架就很有可能与其他在内城长大的拉丁裔高度相似，而与在郊区长大的中上层白人群体差异较大[27]。

文化错配理论认为，中产阶级白人主导的文化，例如名牌大学和高端企业，和劣势社群主导的文化之间存在一种不匹配性。这两者没有孰高孰低，但理论指出，寒门学子所在社群的文化框架、大学社群以及中产阶级职场人共享的文化框架之间存在较大差异。那么这种差异是如何显化的呢？瑞安诺的故事就可以看作案例之一，其他例子包括杰隆提出的眼神交流、着装谈吐、待人接物等。社会学家奥兰多·帕特森（Orlando Patterson）和杰奎琳·里弗斯（Jacqueline Rivers）曾开展一项帮助内城青年就业的研究项目。该项目的培训内容不是我们通常意义上的职场"技能"，而是教会这些年轻人如何在工作场所中展现自己。研究发现，在内城长大的人身上往往会有一种更为锋利的气质，这种气质有助于他们在原生社群中生存，但也会降低未来求职面试时的成功概率[28]。

然而，寒门学子在大学中遇到的文化阻碍会比职场中的影响更为深远，涉及家庭幸福、个体成就和收入之间的矛盾冲突，以及伦理价值之间的权衡置换。心理学家妮可·斯蒂芬斯（Nicole Stephens）和她的同事对此开展了大量调查研究，证实了第一代大学生进入名牌大学后确实会面临文化错配现象[29]。他们认为，第一代大学生群体通常来自一种相互依赖的文化模式。在这种模式下，他们对自身的理解建立在社群的需求与利益之上。换言之，寒门学子在面对伦理冲突时，更容易优先考虑家庭与社群，而不是个人的向上流动。相反，斯蒂芬斯等人的研究显示，如果出生于父母都受过高等教育的中上层家庭，这样的孩子则更多表现出一种独立的文化模式，认为自己是独立于他人的，可以自由地按照个人的喜好和兴趣行事。这类学生不但不太会遇到和寒门学子一样的伦理困境，也没有那么重的心理负担，因为他们从小所处的文化框架就鼓励他们将个人的成功置于其他伦理价值之上。斯蒂芬斯等人指出，很多名牌大学也都是在这种独立的文化框架下建立的，也就进而导致在相互依存的文化模式下成长的寒门学子更难适应大学生活。换句话说，高等教育的文化框架本身就更加倾向于可以将个人成就置于其他伦理价值之上的学生。

当然，我们也不能脱离文化模式背后的经济背景，盲目下定论。例如，文化模式本身并不能解释亚裔美国学生相对较高的学术成就[30]。只有当相互依存的文化模式加上困难的经济状况，才会迫使一位注重家庭的学生面对艰难的伦理抉择。在社会经济、文化差异和家庭义务的共同作用下，寒门学子不仅很难优先选择自己的学业，还会将大学视为困难与挑战的导火索。

当然，学生身处的文化框架并不是一成不变的。在了解了学术成功的方法之后，学生自己也会慢慢调整，以适应全新的社会规范要求。社会学家安东尼·杰克（Anthony Jack）的研究可以帮助我们理解这种转变[31]。他分别对两组名牌大学的非裔学生展开调研，所有学生背景相似，都来自低收入家庭，但有一项关键性区别。其中一组学生通过奖学金项目就读于私立高中，被杰克称为"特权贫困群体"；另一组就读于普通高中，被称为"双重弱势群体"。杰克的这项研究意义深远，剖析了上大学前的社交经历对学生在大学期间各种表现的影响。

研究表明，"特权贫困群体"在就读私立高中时就已经了解了大学阶段的相关文化，并且已经与同学及老师建立了专业的学术联系。因此，比起在高中阶段从未接触过相关教育的"双重弱势群体"学生，他们在进入大学之后并没有过多的不适应。"特权贫困群体"甚至会认为大学氛围与高中的十分相似。其中一位学生解释道："有时，一旦进入某种环境，就意味着获得了某些特权，尤其是我读的还是寄宿制学校，我已经被影响了……被宠坏了。我有时根本意识不到自己身上的特权，但有时也会觉得自己其实已经不是贫困生了。"[32]

没有私立高中背景优势的寒门学子则完全不可能发出这样的感慨。相反，他们会发现自己与大学文化脱节，很难与教授建立友好的社交关系。其中一位受访学生告诉杰克："我在大一的时候一句话都不说。哪怕是小班教学课上的同学，走在路上都是我能认出他们，他们不认识我，因为我在课上根本不发言。我的父亲以前一直教育我，通过溜须拍马获得的地位没有意义，要靠个人的努力一步一步往上走，虽然耗时耗力，但更有价值，也会更加自豪。但是，这在高等教育语境下是不成立的。"[33]学生如何利用大学资源会对后期的教育成就产生非常重要的影响，去教师办公室咨询，发展学生间的人际关系，成功融入大学文化，这些都是高等教育中不可或缺的组成部分。不仅如此，与校园脱节也更容易导致学生辍学[34]。

杰克认为，"双重弱势群体"学生会经历一段文化滞后期，通常持续到大二或大三，且对其高等教育经历有较为严重的影响。同时，研究结果也表明，接触过中产阶级教育文化的学生最终也会逐步适应这种主流文化[35]。在我的研究中，有很多受访者都提到了步入大学初期的"文化冲击"，以及后来是如何慢慢转变的，虽然适应了主流文化，但和亲友渐行渐远。杰隆曾这样和我说："你以为他们会为你感到高兴，但实际上他们并不会。他们在某些方面甚至会嫉妒你，因为你的肢体语言、言谈举止都和以前不一样了。可他们都是我最好的朋友……我最亲密的好友已经进进出出监狱三四次了。"杰隆表示，他没有想到亲友会对自己如此冷淡，但他又说可以理解，毕竟他也确实改变了很多。

寒门学子在融入新的社群之后，这种转变不仅会冲击原本的身份认同，还会使自己在原生社群的人际关系变得复杂。上一章中指出，伦理价值，也就是我们与亲友、社群之间的联结，与自身的身份认同息息相关。当伦理价值受到威胁时，个人的归属感会受到影响，而文化上的转变更是会进一步挑战寒门学子的身份认同。我并不是想将这种文化转变视为某种社会规范下"非正统"的表现，我也并不认为寒门学子就不该偏离自己的"初始"文化。重点在于，不同的文化框架能够调解我们与家庭、社群之间的关系。对于部分寒门学子来说，文化是他们身份认同中的重要组成部分之一。而当高等教育中的主流文化企图边缘化或误解寒门学子的原生文化时，就会进一步形成伦理成本。这一点将在下一章中展开论述。

向上流动的伦理成本究竟由谁来承担？

当然，寒门学子在高等教育中必然也有很多不容忽视的收获，不管是知识技能还是职业机遇，如果一切顺利，还能过上有价值的美好生活，事业有成、家庭美满、亲友社群和睦。在某些情况下，他们的童年好友、原生社群与家人也可以随之受益。寒门学子的成功不仅能在经济层面帮助原生社群，还能为社群内部的成员提供指导与建议，帮助他们获取更好的资源。但是，如第一章中所述，很多寒门学子在向上流动过程中都需要付出沉重的代价。亲友关系、社群联结、身份认同，这些伦理价值时常与高等教育以及未来发展相冲突。每个人都或多或少遇到过类似的情况，需要从中做出取舍，但是，寒门学子面对的伦理成本主要有两点不同。第一，很多寒门学子为了实现向上流动，经常不得不牺牲对他们生活意义重大的伦理成本。第二，这些成本除了由学生本人承担，他们本就处于劣势地位的亲人、朋友、社群也会相应受到影响。

本章提及的各种研究数据也间接表明，向上流动对选择留在原生社群的人也会有一定影响。寒门学子如果选择去外地读书，那就无法帮忙照顾家中幼子或老人，也无法像以前一样给予家庭一定的经济支持。如果在大学期间住在家里，那么家人也要调整对这些孩子的依赖，理解他们的难处，否则就会影响他们的求学之路。进入大学以后，寒门学子与朋友之间那种相互依赖、互相支持、相互给予灵感的牵绊也注定会随着距离的增加而削弱。最后，出于社会经济背景，寒门学子为了追求更好的职业发展，只能离开原生社群，那么该社群也相应失去了优秀的人才资源，而这些成本代价却经常被人忽视。

每当我们听到一个成功的向上流动案例，就会非常迫切地想要把这种成功复制到其他孩子身上。但是，本章的重点在于，复制这种成功也并不一定能帮助社群内的其他成员。少数学生的成功并不能改变不公平的社会结构，无法阻止选择留下的学生继续深陷贫困的泥沼。向上流动本身并不能解决诸如住房隔离、社保医保缺失、文化错配之类的社会问题，但在第四章中，我们将具体论述寒门学子其实是可以凭借自身的独特处境倡导政策变革的。

保守党人很喜欢大谈自由派政策对传统价值观的冲击，但很少有人提及我们最基本的价值观，也就是人人都认同的价值观，其实这些蕴含在社会经济结构当中。这也就意味着，有些人天生就更难实现这些价值。如果从小成长的社群坐拥良好的经济和教育资源，家庭有能力承担医保，朋友个个家境优越，那他们想要实现教育、亲情、友情的价值就非常容易。设想一下，如果我们之前提到的各位寒门学子成长在一个不一样的社会经济环境下，那他们肯定会有相对来说更加轻松的人生。有的人会说，这就是一个"先有鸡还是先有蛋"的问题，如果这些学生能有良好的价值观念，就不会处于当前的困境之中。但是，通过研究寒门学子的奋斗历程，我们可以发现，即使是拥有所谓"正确"价值观的弱势群体，也依然会面对艰难的抉择，需要做出伦理价值上的牺牲与置换。事实上，如果根本不在意亲友，不在意社群，心里只有个人利益，那这样的人反倒更有可能成功。当一个社会鼓励弱势群体通过牺牲亲情、友情这样的伦理价值来获取成功机会的时候，这个社会的结构就有待改进了。

第三章

身份演变

我们一旦与亲友、社群的联结逐渐减弱，就会相应失去一些有价值、有意义的东西[1]。如前文所述，许多寒门学子在努力实现向上流动的过程中，都会面临情感价值上的牺牲与取舍。尽管如此，对他们来说，这些牺牲绝非最大的挑战。除去对于重要的人际关系的影响，寒门学子还必须面对非常严重的身份认同危机。

在刚刚来到美国读书的时候，我一直有意识地想要融入当地的环境。1998 年的普林斯顿大学其实非常多元，有很多国际学生，且有几乎三成的学生属于少数族裔。即便如此，我当时的压力也并没有减轻。进入全世界最好的大学之一也意味着家人对我的期望水涨船高，期盼着我能成功。这样一来，我试错的成本也就非常高。我很怕被人发现自己的外来者身份，害怕随时都会被认为是一个"录取错误"。在课上，我每次发言前都会选择提前"自暴"身份。这种心态在女性群体中也很常见，很多女性会因为担心自己听起来太过自信，而习惯性地在发表意见前加上资格认证与免责声明。对我来说，我很难明确应该在什么时候选择融入，又该在什么时候强调自己的原生身份。与此同时，我因为从五岁起就在实行美国制度的国际学校就读，又深受大量美国情景喜剧与电影的影响，会比其他国际学生更容易适应。当然，最主要的因素还是我对语言的熟练程度，能对《老友记》（*Friends*）的角色如数家珍也没有什么坏处。

在大多数拉丁美洲国家，人们有两个姓氏，父亲的姓会写在母亲的前面。而我恰好有一个英语发音的姓氏，来自我的第一任继父，排在我母亲姓氏的前面。在普林斯顿大学，这两个姓氏就好像是我两个不同的人格。莫顿（Morton）代表我的美国身份，加尔多斯（Galdos）代表我的秘鲁身份。两种身份相互联系，又各有不同。在进入大学后，莫顿是我在美国最主要的外在人格；而当我偶尔回到利马街头，就又成了加尔多斯。

随着岁月的流逝，我在美国的生活越来越自然，越来越顺遂。不经意间，我发现自信和个性是值得被重视的。我在这里生活的时间越长，性格中的这些方面就越发鲜明。我的美国室友似乎都觉得不必熨烫床单，不必在意个人体味，对此，我学会了如何谈判，如何在逼仄的宿舍中与他们共处一室。我想象不到如果我外婆看到一堆没叠的脏衣服，或是成箱的健怡苏打水会做何感想。在她的认知里，苏打水是奢侈品，只有家中有客人时才会拿出来招待。但同时，我也开始习惯陌生人和我打招呼，习惯了这份开放与热情，并逐渐学会了回以微笑。

我每年至少回国一次，一落地豪尔赫·查韦斯国际机场（Aeropuerto Jorge Chavez），就能感到自己在美国时一直沉睡的人格被瞬间唤醒。在秘鲁，我能时刻感受到自己的女性身份，秘鲁对女性群体有着与美国不一样的期望。我不得不减少身上的锋芒与自信，不得不忽视街上时常传来的口哨声。当远房表亲登门来访，他们只想知道我吃了什么，和谁谈过恋爱，对我的论文内容可以说是毫不关心。我的外婆会问我有没有给室友做秘鲁菜，会在听到我说几乎不做之后显得尤为失望。他们会对我的体重高谈阔论，说果然住在美国就会令人肥胖，他们也完全不认为这样的评论有什么问题。但是，即便回家并不总是轻松愉快的，我在利马时这种直接的、与生俱来的舒适感，是我在美国生活很久以后才逐渐体会到的。即使有很多无法苟同的地方，但只要站在利马的土地上，我就知道我在这里的社会期待中应该是个什么样的人。

慢慢地，我开始擅长这种语码转换（codeswitching）。随着我逐步了解并接受美国的社会规范，我身上的外来者属性也越来越弱。之前每次回国，我都能轻松融入利马街头那拥挤又充满生机的社会环境。但随着时间的推移，我越来越美国化。我逐渐发现自己在秘鲁更像是一个外来者，这意味着我的身份认同发生了转变。如今我已经在美国生活了 20 年，比在秘鲁的时间还要长。我自认为是美国人，也是秘鲁人。语码转换在移民群体中将会成为一种越来越常见的策略，让人们可以在保留与原生社会、原生家庭联系的同时，去适应不同的、新的国家与社会规范。同时，也有越来越多的人察觉到了这种策略的局限性。移民会造成身份认同的转变，这一点是语码转换无法规避的。

本章将着重探讨语码转换策略。寒门学子常常通过语码转换，试图解决由不同社会期望造成的各种伦理冲突。通过这种策略，寒门学子希望可以一边适应全新的社会，以及社会内部的教育、工作机会，一边保持自身与原生社群的联结。兼顾双边能尽量减少向上流动的伦理成本，不让自己与亲友、社群的关系受到影响。此外，当一个人的身份认同与其家庭、社群紧密相连时，语码转换也可以被看作一种维持自身身份认同的方式，不受学校或工作中的压力影响。但是，语码转换也有着伦理上的风险。为了保障语码转换中的伦理性，转换者必须明确自身的价值观，以及为达目标究竟愿意做出多少牺牲。

为何需要语码转换？

美国前总统奥巴马在玫瑰园发表演说的时候，总是身着整洁的白衬衫和精心熨烫过的深色宽松长裤，看起来就和其他出身常春藤盟校的政客没有差别。在面向全国人民发表讲话时，人们并不会注意到他的族裔与背景。但是，正如他2013年在莫尔豪斯学院❶（Morehouse College）毕业典礼上演讲时一样，一旦面向非裔群体，他的措辞与表达就会略有不同，体现出明显的种族倾向。奥巴马能在上层精英白人与非裔群体间同样如鱼得水，说明他非常擅长文化语码转换[2]。

---

❶ 莫尔豪斯学院是一所历史悠久的传统非裔大学。——译者注

　　文化语码转换基于语言学中语码转换的概念，任何一个掌握多种语言的人都能在应对不同语境时从一种语言切换到另一种语言，这就是最基本的语码转换。例如拉丁裔学生会在家中使用西班牙语，在学校使用英语。相比之下，文化语码转换会比单纯地切换语种或方言更加复杂[3]，需要人们改变自身的行为、谈话以及表现方式，来回应文化语境的变换。可以说，文化语码转换与自我息息相关。

　　在某种程度上，每个人都会经历语码转换。我们在学校、在工作场所、在派对上会有不一样的表现方式。即便是天之骄子，是那些世界尽在掌握之中的最富有的白人群体，他们在董事会上的言谈举止也肯定和在家里带孩子时有所不同。但是，对于少数族裔和低收入家庭背景的学生来说，语码转换关乎如何应对在工作与教育中对他们不利的权力动态[4]。很多寒门学子一旦"暴露"了真实的自我，很有可能会感到与周遭环境格格不入，甚至还会遭到排挤。一旦无法融入社会，就会失去很多职业与教育方面的机会。寒门学子的压力就在于，他们要在明知自身处在权力动态弱势的情况下，来回切换自己在工作与学习中的行为方式。

　　在第一章中，我们探讨了寒门学子面临的伦理冲突。寒门学子常常面临两难境地，一方面要保持与亲友、社群之间的情感联结，另一方面又要在由白人与中产阶级主导的环境下寻求机遇，实现自身的学术与职业抱负。这种冲突就导致了寒门学子往往需要承担沉重的伦理成本，牺牲生命中很多有意义的伦理情感价值。如第二章所述，造成这类冲突的原因之一是原生社群与目标社区之间存在着文化错配的现象。寒门学子想要成功，就必须适应并顺从中产阶级白人群体所制定的文化期望。这些期望有些浮于表面，有些影响着寒门学子的核心价值观，以及他们的行为举止与文化认同。他们或是被迫淡化家庭与社群的重要性，或是将自身教育置于亲情、友情之上。在这类情况下，语码转换渗透了他们生活的各个方面，甚至触及自身价值观与身份认同。

社会学以及心理学学者在各个人群中开展了文化语码转换的相关研究，有些学者也将其称为"双文化主义"（Biculturalism）。例如，社会学家普鲁登斯·卡特（Prudence Carter）研究了扬克斯市（Yonkers）低收入非裔与拉丁裔美国学生中的跨文化现象，剖析了这些学生如何协调校内与校外的不同身份。卡特在研究中曾采访过一位名叫洛蕾塔（Loretta）的年轻女性，她是这样描述语码转换机制的：

> （如果）是和朋友或爸爸讲话，（我一般）都会说"哟""你咋样"之类的口头禅。但如果是和工作相关的人联络，你懂的，我就会有另一幅面孔，不会使用过多的俚语，也会尽量确保我说话没有语病。但其实我也不太懂。就我个人而言，我觉得……（对）一个黑人来说，如果他需要去"装白人"，那其实（回家）之后也就不用再装了。但是，嗯……他在学校里有可能需要装一下，因为可能这就是成功的秘诀吧，你懂我意思吗？然后他平时如果随便

出门或是干吗的，他就不用……我也不是很懂……就不用装模作样了，就做自己就好了。但问题就在这里，你有的时候总归会遇到一些需要（你）装一装样子的场合，你懂的，需要用另一副面孔才能获得你想要的，比如额外经费或是工资[5]。

洛蕾塔从一个知情人的视角，道出了这种语码转换的复杂性。在语码转换的过程中，人们常常需要"装模作样"才能获得学业或职场上的成功。但从她的表述中我们也不难发现，尤其是对非裔美国人来说，语码转换会让人显得有些虚伪。用她自己的话说，她不明白为什么有人在家里也要"装白人"，认为这种"伪装"应该仅适用于某些特定的语境。洛蕾塔对于"装白人"的行为非常排斥，这说明她认为对于非裔美国人而言，以这种方式行事从本质上来说是虚伪的。语码转换作为一种成功策略，也同样是在高校与职场外保留原生身份的技巧，既能融入新的社群，不做局外人，又可以缓解身份认同方面的压力，保留自己的特殊性，不必完全活成他人的样子。

文化语码转换似乎为寒门学子所面临的伦理冲突提供了一种巧妙的解决方式，能够避免社交焦虑，也能保证在教育与经济方面不受影响。这种随机应变的能力有利于促成双赢的局面，不仅保障与家庭、社群的联结，还能使寒门学子在高校与职场中不受影响。对于那些与原生家庭、社群关系密切的学生来说，语码转换策略能有效降低伦理成本，帮助他们缓解这方面的压力。

加布丽拉的故事：学会融入

加布丽拉*（Gabriela）在新泽西州的纽瓦克市（Newark）长大，我们采访她的时候，她已经从普林斯顿大学毕业一年了。加布丽拉有一半巴西血统，母亲是移民，但在父母离婚之后，她由白人父亲抚养长大。她从小家里的经济条件就不好，父亲长期处于失业状态，有时冬天家中都没有暖气。加布丽拉拿到了一所天主教学校的全额奖学金，在新泽西州的伊丽莎白市（Elizabeth）读书。那所学校中规中矩，也很安全，但肯定比不上普林斯顿大学里其他同学从小就读的那种私立学校。学校生源以非白人为主，毕业生一般很难考入名牌大学。

加布丽拉在普林斯顿大学的第一学期并不顺利，她没有获得足够的指导，选修了过多的课程，在学术上非常吃力。她在采访中告诉我，她当时认为这一切都是"因为（我）不够优秀……（我）被录取可能完全是因为校方要照顾到弱势群体。（我）根本没资格入学……是个录取错误"。她觉得所有人都把她看作政治正确的象征，录取她完全是因为要"展现生源多元化"，所以她必须更加努力，证明自己和其他学生一样优秀。虽然遇到了很多挑战，但是加布丽拉在大学期间的成长非常迅速。她加入了两个很不一样的社团，一个是女子橄榄球队，用她自己的话说，这支球队比整个普林斯顿大学都要多元；另一个是姐妹会，为她提供了不一样的女性互助体验以及深厚的情感纽带。不仅是这两个社群，还有一位教授一直不遗余力地鼓励（她），告诉她，她值得留在普林斯顿大学，这些支持与指导都为她的大学生活提供了关键的帮助。

尽管加布丽拉慢慢接受、融入了这个全新而多元的社会结构，她也还是会常常回家探望，尤其在她祖母生病期间更是频繁。在她大四的时候，祖母的健康状况进一步恶化，她整个学期初都住在家里，每天一早开车去学校上课，晚上再回家。这样的经历在大四学生中并不常见。她与原生社群的关系十分复杂，她在采访中说："社群里常常有人对我指指点点……他们无法理解我的奋斗目标，怪我为什么不每周都回家，他们也不明白我为什么要学习，无法理解我为什么要选政治学这种愚蠢的学科。"

但是加布丽拉对于大学校内的社交生活也并非完全适应。饮食俱乐部是普林斯顿大学本科生活中绕不开的重要组成部分，这种男女混合的社交俱乐部自 19 世纪以来一直饱受争议，加布丽拉也直言非常厌恶这一体系。校方本身对俱乐部也持批判态度，在 2010 年的报告中指出："饮食俱乐部……持续加重校外社会体系影响下的阶层分化，尽管为改善分化现象作出了部分贡献，但低收入与少数族裔家庭的学生依然很难融入其中[6]。"虽然不喜欢，加布丽拉还是加入了一个俱乐部，因为她觉得在求职过程中，有社团活动的经历可以给履历加分。在她看来，如果选择成为"独立学生"（普林斯顿大学对不加入饮食俱乐部的学生的总称），意味着"这个学生出身贫寒，大家对此心知肚明，但都不愿意捅破……简历上有了俱乐部的经历，以后肯定会有所回报"。

加布丽拉在校期间越来越得心应手，顺畅地周旋于两个不同的世界。但当我问她觉得自己现在属于哪个社群时，她却很难下定义。祖母去世了，父亲也搬去了国外，她已经不再回家了。她告诉我，虽然在实习项目中和其他毕业生关系都不错，但最亲近的还是她的室友。她们是整个项目中仅有的两位少数族裔实习生，有很多共同语言、共同经历，是其他人无法与之共鸣的。虽然加布丽拉现在也能够和那些受过高等教育的同事打成一片，但她自己对于"融入"的概念依然有些模棱两可。她经常与室友讨论这个问题，不明白究竟"是出于逐渐同化，慢慢适应了自己少数族裔的身份，还是对争取自身利益已经不抱希望，开始麻木了……（以及）这份适应究竟能给生活带来多少改善"。在接下来的章节中，我们会发现，加布丽拉与室友探讨的问题（我有什么改变？我为什么改变？）正是寒门学子进行语码转换的核心。

自我分割

寒门学子经历的改变并非全都是因为想要融入或适应全新的社会环境。教育本身就有改变个体的能力，阅读柏拉图和加夫列尔·加西亚·马尔克斯（Gabriel García Márquez）的作品；花几周时间观察果蝇的交配繁殖习性；结交新朋友；获取专业知识与职业自信，上述这些都能为个体带来深刻的影响。高等教育的确有能力将学生改造成不一样的人，所以改变不足为奇。然而，受大学环境影响的某些改变也会让人显得有些虚与委蛇，不够坦诚。寒门学子常常不得不妥协于新的社会规范与社会期望，但不是因为他们真的接受了那一套行为方式的价值，而是因为顺从主流会更加容易一些。对很多学生来说，加入饮食俱乐部或兄弟会正是一种妥协。向上流动的过程之所以复杂，有一部分原因就是很难厘清当事人有什么改变，为什么改变。

但是，这个问题也不只涉及人的真实性，如果只有忠于童年初心或是某一种特定的文化才算真实，那绝大多数受教育后发生改变的个体都是虚伪的。在理想的情况下，教育应当引导我们对自身信仰进行反思与批判，理性地淘汰部分不合时宜的价值观。不仅如此，很多寒门学子也很乐意接受向上流动带来的变化。重点从来都不在于这些学生是否选择改变，而在于这些改变会不会与他们的原生社会关系、价值观以及其他核心人生观背道而驰。在接下来的讨论中，我们会发现语码转换并不能直接解决这一矛盾。

人们可能很容易将语码转换看作一种分而治之的策略——将自我分为两部分，一部分去适应并融入中产阶级社会，另一部分则保留原生家庭与社群的价值观。但是，这种自我划分的方式是否会产生某些后果？是否能够有效减少向上流动的伦理成本？这种语码转换会对个体的身份认同造成哪些影响？为了探讨上述问题，我们可以思考下面这一段虚拟情景。

假设你成长于一个温馨的拉丁裔家庭，家中信奉天主教，经济条件困窘，周围邻居也是同样贫困的非裔或拉丁裔家庭，整个社群的教育、公共交通以及其他基本资源都很匮乏。但是，你很幸运地在糟糕的教学条件中脱颖而出，获取了当地州立大学的奖学金，就读于法学院，并在毕业后成功入职一家知名律所。之后，你便搬去了离公司较近的高档社区，周围的人都来自中产阶级。

但是，你依然选择和原生家庭、社群保持联系，且关系还很不错。你努力争取每周日都能回家和父母做礼拜，之后一起吃晚餐；你尽职尽责，不会错过任何一个表亲的十五岁成人礼（*quinceañera*）❶；你会去咖啡馆和邻居聊天；每次回家，你的言谈举止、穿着打扮和兴趣爱好都会切换回原生模式，以便融入社群。你会和邻居讨论环球电视网（Univision）在播的最新电视剧（*telenovela*），说西班牙英语（Spanglish），一边吐槽现在的物价有多贵，一边狼吞虎咽地吃着你祖母（*abuela*）的拿手好菜，又辣又好吃。当你一回到工作中，就立刻切换到职业模式，尽力迎合工作场所的社会规范。你会在上班路上与同事攀谈，聊的是之前在《华尔街日报》（*Wall*

---

❶ 这一段译文保留了原文中的斜体字以及西班牙语单词。"*quinceañera*"指拉丁美洲15岁女孩的成人礼庆典，"Univision"是美国最大的西班牙语门户网络。"*telenovela*"指一种源自拉丁美洲的电视剧。"Spanglish"指含有西班牙语和英语词汇及语法的混合语言，是西班牙语和英语相互作用的结果，广泛使用于美国。"*abuela*"为西班牙语中的"祖母"。——译者注

Street Journal）上读到的文章；你张口就是标准英语，和人聊的都是退休与投资；午餐首选羽衣甘蓝沙拉，不吃古巴三明治。如此这般，就说明你在转换文化语码。

上述这种做法可以理解为将自我分离成两部分，分别应对不同的社交场合。一个强调拉丁裔身份，面向原生家庭与社群；一个应用于职场，象征专业与"小资"。这样一来，看似可以两全，既保持了原生社会关系，又不影响事业与美好的中产阶级生活。但是，你真的能够一直如此吗？

这种策略存在两个问题。第一个问题是这种方法并不稳定。人们在生活中总归或多或少会面临种种挑战，这是不可避免。矛盾与冲突也是如此。可能今天是祖父母生病，明天是姐妹失业，后天又遇上律所需要你周末出差，或是被公司合伙人察觉你的异常。通过自我分割来规避冲突是行不通的，并非长久之计。如果你的姐妹真的失业了，来电向你求助，或是通知你祖母病重，你不可能回她说："不好意思，我现在处于工作模式，回家再和你说。"因为正如我们在第一章中谈到的那样，重视情感价值意味着在需要的时候能将亲情、友情放在首位。如果你选择把工作放在比祖母更重要的位置上，家人或许能够理解你，但他们依然会难过。第二个问题是，如果你经常需要在工作中途请假离开，或是拒绝周末加班，你的工作表现和晋升机会也会大打折扣。对很多人来说，雇主提出的工作要求可能与生活中的其他价值相悖，而你可能不仅对此深感无力，还根本无法开口拒绝，或是不敢道出拒绝的真实理由。

社会学家芭芭拉·詹森（Barbara Jensen）在她的著作《解读阶级》（*Reading Classes*）中，详细阐述了工人阶级在向上流动过程中，横跨两种不同的世界需要承受的巨大心理压力[7]。书中描述了工人阶级出身的群众，包括作者自己，在实现阶级跨越后依然会感到文化割裂。而且，他们原生社群的文化时常会被中产阶层贬低，得不到应有的尊重。由此还会导致另一个问题，那就是寒门学子不仅要面临心理上的压力，还要面对伦理道德上的困境。即使你真的可以把自己一分为二，在家庭与职场中的人看来，你依然是一个完整的个体。家庭需要的是你，不只是你代表"家庭"的那一部分；领导需要的也是你这个人，不只是你的"职场人"身份。无论是专业素养还是情感联结，面向的都是一个完整的人。也许自我分割可以应对一时的伦理冲突，但长此以往必将影响到自我身份认同。

这种自我分割视角下的语码转换成本极高且不稳定，因为很多伦理冲突是绕不开的，无法通过语码转换来规避。此外，这种方式也并不能有效地应对冲突。你的"家庭"身份可能希望你去看望祖母，但你的"职场人"身份会告诉你应该留下继续工作，那么这个时候，你又应该听从哪一边呢？人们会为了降低伦理成本而选择自我分割，但同时，这种简单的划分也割裂了一个人完整的身份认同。过度依赖语码转换无法解决伦理价值、人际关系与社交承诺之间的冲突，只能拖延真正的决策时间，治标不治本。

自我伪装

同时，也有一些寒门学子并不会将语码转换看作自我分割，而是将其视为一种必要的伪装。他们会选择在工作面试、学术研讨会或是社交晚宴这类正式场合中，换上一副全新的面孔，以便获取更多的资源与机会。洛蕾塔之前的观点就属于这一类。在这一视角下，语码转换指的是在工作或学习中"伪装"成另一种身份，但在家中维持"本我"。前者是为了实用性目的而附上的表演，而后者则是真实的、完整的自己[8]。这种语码转换不需要做出真正的改变，只需迎合社会规范，自我伪装。

让我们顺着这一视角，调整一下之前的叙事。在某一情境中，你会在上班的时候装出一副职业面孔，以此来适应律所的工作环境。爱吃羽衣甘蓝沙拉、爱读《华尔街日报》、十分上进、迫切地想成为合伙人等，这些特质都是装出来的，只有回家后的你才是真实的自己。真实的你会在结束一天的工作后脱下西装，吃最爱的西班牙炸五花肉（chicharron），追电视剧。与其搬去离公司更近的上中产阶级街区，你选择住在从小熟悉的街道。在你看来，你在职场中的表现只是工作需要，而真实的自己依然留在原生社群中。

但是，这种方式也有缺陷。即便把职场与学校中的自我身份看作一种伪装，也并不能规避伦理冲突。当家人来电求助，而你又正好在工作或学习，你不能和他们说你正在"假装自己是工作狂"，这和直接说你当前处于"工作模式"没有任何区别，并不能起到安抚家人的作用。伪装身份亦不能规避伦理冲突。

更严重的是，这种策略还可能影响到职业操守。这倒不是因为你行事"虚伪"，而是因为你没能为自己的行为负责。如果你每天都有很长一段时间在伪装，扮演一个事业心强、有竞争力或是杀伐果断的人，那你注定会在某一刻扪心自问：伪装时的你与所谓真实的你，难道真的一点关系都没有吗？伪装也许能够避免一时的不便，但是，如果你将生活中的一部分看作一场表演，就意味着你可能也会认为自己不需要对这段表演负责。然而，你不是剧场里的演员，真实也罢，虚伪也罢，这些都是你在现实生活中亲自做的决定。从本质上来说，采取这种方式来规避身份认同危机依然是在掩耳盗铃。

社会学家亚莉·霍奇查尔德（Arlie Hochschild）在她的著作《心灵的整饰：人类情感的商业化》（*The Managed Heart: Commercialization of Human Feeling*）中，对 20 世纪 80 年代初达美航空公司的空乘人员进行了研究。达美航空公司要求机组空乘人员遇到粗鲁的乘客时保持冷静，笑脸相迎，克制正常的情绪反映。换句话说，空乘人员需要在工作中进行伪装。霍奇查尔德在研究中发现，在长达几小时的情绪劳动 ❶ 之后，空乘人员即使在回家之后也很难调整回"正常"状

---

❶ 情绪劳动（或情绪工作、情绪劳务）这一概念最早由社会学家亚莉·霍奇查尔德于 1983 年提出，指员工遵照一定的组织规则，在工作场所与顾客互动的过程中所进行的情绪调节。——译者注

态。这也点出了伪装策略的核心问题：入戏容易，但出戏难。为了应对职场与学校的要求，在心理上进行自我分割确实有一定的必要性。但是长此以往，这种伪装会不会影响真实的"本我"身份？会不会改变他人对我们的看法？这些都是我们无法控制的。

不仅会在心理层面产生影响，这种策略还会造成伦理问题。我自己身上的一个例子就能够说明这一点。我所在的哲学学术领域以白人和男性为主，这一比例比其他人文学科，甚至化学这类理科还要高。不仅如此，哲学学科内部的文化十分尖锐好辩，在一些人看来，哲学思辨的目的就是努力挖掘并抨击他人的逻辑漏洞。我在本科期间很快就适应了这一种模式。起初，我认为这种"哲学模式"的伪装正是研讨会所需要的。直到去年❶，一位好友在会上直接指出我提问的方式太过激进，我才发现，尽管并非我的本意，这种伪装也已经俨然成了我人格中的一部分。我很感激好友能指出我的问题，因为我的行为也在为这种病态的学术文化推波助澜，却又看似巧妙地为自己找好了借口，避开了自我批判。但是，我已经成了问题的一部分，这不是挥挥手，轻描淡写地说一句"只是伪装而已"就能逃避的。我现在也在努力改正这种行为，但在当前的哲学领域中，这种激进的方式在很多情况下依然是主流，很难改变。

---

❶ 本书英文原版于 2019 年出版。——编者注

我们大多数人都听说过"假戏真做",这个词在这一语境下可以理解为:如果强迫自己按某种方式行事,那么长此以往,这种伪装也会变得越来越自然。减少自我怀疑,装出自信的样子,最终也会越来越自信。这种自我伪装视角下的语码转换认为,人能够做到只伪装,不改变。这种观点认为,尽管你每天绝大部分时间都和你的同事一样,痴迷于事业,有决心,有动力,为了理想而奋斗,但你只是在"假装"自己是一位职业律师,不是真的律师,没有"出卖灵魂"。而且,从本书的角度来说,这种模式认为,哪怕"伪装中"的那个人格需要将工作与学业放在首位,不能给予原生社群足够多的重视,真实的"本我"依旧能够与原生社群保持联系。

然而,如第一章所述,正是我们日复一日做出的选择最终反映了我们的价值观,反映了我们与亲友、社群、工作以及学业的联结。诚然,许多人在学校或职场中时常被迫改变自己的行为方式,尤其是没有特权的寒门学子,世俗更是默认他们为成功做出妥协是天经地义的事。社会学家劳伦·里维拉(Lauren Rivera)的研究证实了加布丽拉的观点,因为加入饮食俱乐部确实会让学生在未来的工作面试中受益。律政、金融和咨询行业在聘用人才时常常会关注这些与阶级密切相关的"参照物"[9]。因此,尽管加布丽拉对这些阶级游戏规则不敢苟同,但加入俱乐部确实是提高她被这些行业录用的概率的有效策略。

保持"本我"在一部分情况下会使人处于不利地位,虽然此时通过语码转换来伪装自己有一些吸引力,但它也会带来严重的问题。将自己一天中大部分时间看成是在表演,这无助于寒门学子直面语码转换带来的伦理冲突。寒门学子在决定改变之前需要坦诚地面对当前的压力与困境，避免损害自身与亲友、社群的关系。

语码转换的危害

如前文所述，自我割裂和自我伪装这两种语码转换的方式都会造成伦理层面的问题，无法帮助寒门学子认清自己在两个世界中的立场。而且，我之前也提到了，两个世界间的伦理冲突很可能会威胁人们最基本的身份认同。如果不反思究竟该如何应对冲突就盲目做出改变，其结果很可能会不尽如人意。在政坛就有类似的案例。像前总统奥巴马这样的政客精于语码转换，会根据不同的受众对症下药。这种变色龙一般的适应能力是一种政治技巧，掌握这种技巧就更容易获得成功。但是，一个太容易迎合受众的政客，今天一套说辞，明天又换一套说辞，就会显得立场很不明确，从而引起群众的不信任。我们并不确定他 / 她的真实身份。

我们可以回想一下，希拉里·克林顿在 2016 年总统竞选期间就很难获取选民的信任。希拉里有时显得太过游刃有余，仿佛每一句话都是排练过的，可以适用于任何政治环境。然而，埃兹拉·克莱因（Ezra Klein）为沃克斯新闻网站（*Vox*）撰写的报道称，希拉里身边的人都认为她是个值得信赖的人，她本人并不像公众视角下所表现的那样。克莱因认为，这是因为希拉里"非常善于区分个人身份，她能把自己的竞选身份，甚至是她在共和党选民和政客心中扮演的不同角色，以及自己未来当选后的总统身份区分开来"[10]。而这种看似巧妙的政治技巧有一个很大的副作用，那就是群众无法判断她真实的立场与观点。

当政客过于圆滑，不断改变行为方式与言论来适应政治环境时，群众就会都担心他们是否根本就毫无骨气，完全没有自己的道德标准，也看不清他们真实的立场与目的。但是，全盘否决所有政治语码转换也会让政客的仕途受阻。为了成功当选，或是通过一条他们真心推崇的法案，这些政客必须足够灵活，了解政治环境的需求并做出一定的妥协。政客必须把握好分寸，在不牺牲个人原则或价值观的前提下适应特定的政治环境，以追求他们心中的政治抱负。

我认为这一点对奋斗中的寒门学子来说同样适用，他们只有踏入中产阶层才有可能获得成功。盲目改变以适应环境也许有助于获取某些教育或职业发展的机会，但也可能会牺牲自己的道德标准。有一些价值观对我们每个人都至关重要，不管是友情、亲情、社群关系，还是与社群文化之间的联系，这些都是个人身份认同的一部分。轻易改变自己或压抑这些情感都有可能造成无法挽回的伦理损失，成为我们以前最讨厌的那种人。此外，全盘否决语码转换也会让向上流动的道路更加不好走。对于本身已经在社会经济结构中处于弱势地位的寒门学子来说，确实进退两难。

这种伦理冲突的困境在于，寒门学子需要顶住压力，在主流文化规范与原生价值观相悖时，不要完全改变自己，全然投身主流文化，同时，也不能盲目排斥，要学会适应这种文化环境，以便获得成功。如前文所述，自我割裂与自我伪装都不是有效可行的策略。正确的语码转换理应让我们认清自己的价值观，明确各方价值的重要性，从而帮助我们在盲目同化与盲目抵抗之间寻得一个平衡点。寒门学子能否成功在很大程度上取决于其是否能融入相关环境，因此，在对各方价值与身份认同做出取舍时就更要小心谨慎，多多思考其中的利害关系。

种族与性别

在进一步探讨哪种模式最适合寒门学子处理伦理冲突之前，我们必须简要说明种族与性别对语码转换的影响[11]。虽然本书无法对此展开更深入的探讨，但这一话题非常重要，人人都应该加以关注。鉴于美国教育、阶级与种族之间的联系，很多寒门学子都来自少数族裔群体，尤其是非裔和拉丁裔。同时，由于社会文化长期期待女性扮演照顾者的角色，并对性少数群体抱有敌意，很多女性和性少数寒门学子身上被强加了很多负担，社会压力远大于主流男性学子[12]。

自 19 世纪以来，种族分析的研究方式中有一种与语码转换非常相似的概念。美国非裔作家（及社会学家）威廉·爱德华·伯格哈特·杜波依斯（W. E. B. Du Bois）提出了"双重

意识"●（double-consciousness）的概念，用来描述非裔美国人
的生活经历：

> 这份双重意识尤为独特……双重灵魂、双重思想、双重挣扎交织。一副深色皮囊，两种理想交战，人们靠着仅存的顽强意志才不至于被活活撕碎。美国黑人的历史是两种价值纷争的历史，人们渴望将这份双重意识合二为一，实现更好、更真实的自我。意识融合并不意味着人们想摒弃某一边……而是希望能寻得平衡，作为黑人，也作为美国人好好地活着，不用担心被伙伴唾弃，也不会被社会抛弃，被机遇拒之门外[13]。

双重灵魂、双重思想、双重理想，这些听起来和我们之前谈及的语码转换颇为相似。我不打算在这里深入探讨双重身份的概念，但杜波依斯的这段话很有见地，点出了少数族裔或受压迫的性别群体在语码转换时与主流人群的关键差异。

第一项关键差异在于，性别与种族都属于带有偏见与歧视的社会类别[14]。人一旦被种族化，社会将认定他们的行为、能力和智力与种族地位息息相关。他们不仅要适应所处文化

● 双重意识，也称文化变更，最初指非裔美国人由于在白人主导的社会中受到种族化的压迫和贬低而经历的一种内在的"双重性"。——译者注

背景对他们的期望，还会受到与自身肤色相关的刻板印象的影响。性别也是如此。女性群体不但要面临自身家庭背景或社会阶层带来的挑战，还要考虑社会对女性在技能选择、社会角色以及社会价值方面的期待。因此，对向上流动道路中的寒门学子来说，种族与性别的压迫进一步加剧了这种本就不平等的权力动态。

这也顺势造成了第二项差异。在特定的社会背景下，个人成功进行语码转换的程度取决于主流社会对种族和性别的态度。在一个有着强烈种族主义态度的环境中，比如颁布了吉姆·克劳法❶的美国南部各州，这就意味着，如果你是一名黑人，就注定无法踏足主流阶层。无论你的语言、衣着或文化态度如何与主流阶层保持一致，社会关注的都只会是你的种族。如果你生在巴西，情况会有所不同，但你仍然会被种族化，只不过评判标准不同罢了。今天的美国亦是如此。但是，对于女性群体来说，情况并不相似，她们还要考虑社会对性别的看法将如何影响她们的语码转换。例如，在某些情况下，如果一名女性表现得像男同事一样自信，很可能会被认为太有攻击性，反而适得其反。再比如，女性表现出对家人的关心又很有可能导致他人认为她对工作不那么认真。语码转换者不仅要掌握目标社群中的社会规范，还要熟知全新社群中决定个人身份的主流刻板印象，明确自身种族与性别（或者在

---

❶ 吉姆·克劳法泛指1876年至1965年，美国南部各州以及边境各州对有色人种实行种族隔离制度的法律。——译者注

某种情况下两者兼有）对语码转换成功与否的限制程度。

　　第三项关键差异在于，对受压迫的社群来说，语码转换会被看作个人对原生社群的背叛。洛蕾塔在批判他人在家里也"装白人"的时候，就暗示了这一点。语码转换有时会被当成一种对社会不公和种族主义刻板印象的屈服。在这里，我并不是想表明我也赞成这种背叛论，而是想要指出，研究观察表明原生社群中确实可能出现这种理解。因此，语码转换者要明确这种潜在的成本代价。在这一点上，性别差异要比种族差异更加复杂，因为性别问题是存在于各个社群的。然而，女性不仅要担心社会整体对她的看法，还要担心其他正在经历相同挑战的女性的眼光。遗憾的是，本书篇幅有限，关于种族、性别与语码转换之间的关系无法继续深入挖掘。我们需要明确，对于边缘化的寒门学子来说，身上背负的其他标签往往会带来更多偏见，语码转换会为他们造成额外的成本代价。

露西的故事：美国农村的种族问题

　　对于露西*（Lucy）来说，种族的复杂性无处不在。露西在美国南方的一个农村小镇长大，从小被当作白人来抚养。她来自一个农民家庭，很早就学会了务农。妈妈有一半切罗基人❶（Cherokee）血统，但家中几乎不会提起这件事。她的妈妈很早就选择以白人的身份生活❷，而她们所在的社群主要以低收入白人农民为主。露西回忆道："想要在南方农村生存下去，那么无论何时何地，只要有人讲种族主义笑话，你只能闭嘴听着，保持微笑，什么都不能说。我经常会想，'你们总是把杀死黑人、杀死原住民的笑话挂在嘴边，如果知道了我的真实血统，又会做何感想呢？'"通过校内一个与农业相关的课外小组，露西结识了一位教授，是那位教授说服她申请了大学。露西就读于南部的莫瑞州立大学（Murray State University），在那里，她遇到了很多家境更为优越的学生。略显劣势的出身背景令她倍感孤独，她说她当时"无法说出自己真实的身份，也解释不清为什么不花钱购物"。露西后来去西北地区读研究生，那里的环境比本科时更加排外，她感觉那些教授根本不知道如何与她这样背景的学生交流。最让她难过的是，在她参与的一个环境研究项目中，其他学生和教授会浪漫化她所成长的农村生活元素，但又对她的真实观点不屑一顾。

　　即便困难重重，露西还是完成了硕士学业。在我采访她的时候，她已经回到了家乡，在一家支持环境可持续发展的

---

❶ 切罗基人属于易洛魁族系的北美印第安民族，原住于大湖区周围，被德拉瓦人和易洛魁人击败后，迁移至南方。——译者注

❷ 原文为"pass as White"，指"racial passing"中的一种。这个词在美国主要用于描述少数群体或混血群体为了逃避种族隔离和相对歧视的法律与社会惯例，选择同化为主流白人群体。——译者注

农业社区企业工作。她将自己看作两个世界的调停者，"这是我自己需要承担的角色，因为我知道，如果不能兼顾两边，那我在这两个世界中都没有立足之地"。尽管家人都很支持她的工作，也很认可企业的目标，但她不愿意容忍种族主义这一点依然是她压力的来源。露西回忆道："每当我提起，'我真的很讨厌万圣节大家涂着黑脸，戴着印第安头饰走来走去'，她（露西的妈妈）就会说：'你也不对，你这是在做政治正确警察。'"当和我提起这些时，她一度濒临落泪。她与母亲之间的鸿沟难以跨越，这无疑令她感到痛苦，但即便如此，她也不愿意为此顺从或接受种族主义言论。

随着露西在本科与研究生期间接触到了不同的人、不同的观点，对于种族的态度也逐渐发生了改变。她为此感到欣慰，但是在回家后，虽说通过自身的专业性为社群作出了很多贡献，但依然要面临重重压力，不得不隐瞒自己的转变，需要通过语码转换来获取社群农民的尊重。她的工作取决于社群中的人际关系，需要扮演好公司与农民之间的桥梁。但是，迎合种族主义对她来说太难了，并且也需要她牺牲自己新建立的价值观。我把露西所面临的困境称为一种"清醒的语码转换"。

清醒的语码转换

分而治之和伪装策略都是能够调节不同世界差异的方式，这两种模式的动机都很明显。即使职场或学术圈层的要求与自我认知不一致，人们依然渴望获取成功。即使我并不适应这个由白人男性主导的哲学领域，经常感到不适，我还是希望能够成为一名成功的哲学家。如前文所述，如果我简单将哲学研究中的自我看作另一种不同的人格，或是一种伪装表演，那在伦理层面会带来更多不稳定的问题，同事也并不能应对原有的挑战。

我们需要找寻一种合适的方式，去坦诚地应对伦理价值与身份认同上的挑战，并对此加以反思，为自己在各个社群中的行为负责，明确自身在语码转换中需要做些什么。这并不意味着我们完全不能妥协，或是不能以与原生身份不相符的方式行事。但是，我们需要明确自己牺牲了什么，又为何而牺牲。在听到种族歧视言论的时候，为了和睦相处而选择沉默真的值得吗？对露西来说，显然是不值得的。保持沉默就意味着她要违背自身的信念，打破道德操守。但是，稍微嘲讽一下那些声称爱吃原装农场罐装食品却从未踏足农村的"时髦人士"，这一点对她来说，虽与新建立的价值观并不完全吻合，问题却又不大。露西与很多寒门学子一样，不但要做好自身工作，维持与原生社群的关系，还要忠于自身价值观，这注定是一条艰难的道路。

为了在语码转换中保持本心，寒门学子必须认清自己的底线，这一点并不容易，也需要一定的时间。很少有人愿意就种族问题与家人发生争执。在职场上，即使与家庭义务冲突，也很少有人能毅然推脱老板的加班要求。而我们往往就是需要在这些情境下做出妥协，也许是忙到忘记探望生病的表弟，也许是在祖母生日当天出差，也许是不够勇敢，没有计较同事的种族歧视言论。这都是我们需要花时间去思考伦理价值的原因，因为只有这样才能明确自己的价值观与底线在哪里。

第五章将探讨"价值肯定"（values affirmation）的作用，即要求学生在参加考试之前认真思考自己的价值观。研究表明，这种价值肯定能减少少数族裔学生与白人学生之间的某些教育成就中的差距[15]。价值肯定的作用也不仅在于取得更好的学业成绩。如前文所述，反思与亲友、社群之间的伦理价值能帮助人们回击不公平的社会结构。未经深思的语码转换只会让人更加无所适从，被环境推着走。有时候，一些人看似选择了最容易的方式，到最后却又不得不放弃重要的情感价值，成了自己讨厌的那种人。

语码转换的意义在于巩固人与亲友、社群之间的联结，让生活充满美好的伦理价值。有时，为了实现目标而妥协是值得的，但也有些时候，盲目融入只会导致我们失去自己的身份认同与价值判断。当朋友责备我们的态度过于咄咄逼人，当家人在我们工作时寻求帮助，当他人惊讶地发现我们默许种族歧视言论，在这些时刻，我们需要做出问心无愧的选择。这就是前文所说的"清醒的语码转换"：我们需要形成一套完整的伦理叙事，阐明自己愿意或不愿意做出哪些妥协。这种叙事能帮助我们将不同世界的不同价值观相互关联，形成一种完整的、统一的、坦诚的视角。

第四章

不与阶级合谋

　　寒门学子在向上流动的过程可能需要付出惨重的伦理成本。在一个存在经济隔离且高度不平等的社会中，这些学子最早形成的、最重要的社会关系可能会在阶层跨越中受到影响。如上一章所述，寒门学子可能会为了成功而被迫改变，从而对自身身份认同造成潜在的负面影响。对于那些把亲友、社群关系视为核心价值的寒门学子来说，改变的风险尤为严重。语码转换可以为他们提供一种缓解冲突的策略，但这一策略本身也有一定的危害性。如果未经深思熟虑便草率行事，就很有可能影响自身的道德准则。

　　这些寒门学子一旦接受并适应了中产阶层职场或院校内的主流社会规范，哪怕只是逢场作戏，也会进一步巩固社会期望，导致其他贫困学生难以入局。这意味着，寒门学子在为自己的成功付出巨大的伦理成本的同时，也有可能进一步维护这种不平等的社会结构，置更多相似处境的学生、社群于贫困之中。

　　鼓励人们用一种诚实且清醒的伦理视角来审视向上流动之路，这确实是本书的核心观念。然而，这种反思与审视不仅会落在人们自身的发展道路上，也会让人们变相认可并维护这种本就不平等的社会制度。那些成功实现向上流动的寒门学子已经从相对较低的权力位置，如学生、孩子、求职者、实习生，一路走到了更高的权力位置上，如导师、父母、雇主、专业人士[1]。但对刚刚踏上奋斗历程的寒门学子来说，他们会发现面前的道路受到社会经济地位、家庭环境或教育经历的限制。而随着他们步步攀升，获得的权力越来越多，他们有能力选择或抵制或巩固这种不公平的社会结构。正是这种社会结构催生出了伦理成本，也就是本书的重点。在本章中，我们将论述寒门学子如何应对自己成功后的伦理困境，这也是他们在整个人生道路上需要反复面对的挑战。

楼梯的故事

在赫里斯托·斯米尔宁斯基（Hristo Smirnenski）创作的《楼梯的故事》（*The Tale of the Stairs*）中，一个工人阶级的年轻人与魔鬼达成了交易[2]。有一组高耸的楼梯隔开了贵族与工人阶级，工人在底层深陷贫困，而贵族在上方乐得自在。青年想爬上去报复贵族阶级。当他踏上第一级台阶的时候，魔鬼提出要他用听觉做交换，青年同意了。魔鬼更换了他的耳朵，下方的苦难呻吟立刻被笑声所取代。当青年踏上第二级台阶，魔鬼提出要用他的视觉做交换，青年又同意了。魔鬼更换了他的眼睛，当青年再次向下看去，发现所见之人个个身体健康，衣着光鲜亮丽。当他踏上最后一级台阶时，魔鬼要他用自己的心和记忆做交换。最后，这位年轻人和高处的人一样，再也意识不到底层的苦难了。

斯米尔宁斯基从小在保加利亚的一个贫困家庭长大，尽管是个小有成就的诗人，但因肺结核英年早逝，生前未能摆脱穷苦。他的短篇小说是一篇警示向上流动的危险性的寓言。为了到达高处，青年必须不惜一切代价改变自己，失去了他珍视的一切。简而言之，他出卖了自己的灵魂。寓言故事肯定带有夸张的戏剧性，但道出了向上流动对人的改变。那位青年的悲剧故事说明，在向上流动的历程中，人们有可能也会成为压迫性环境的一环，使得个人以及他人的奋斗道路更加艰难。

如前文所述，学生在向上流动的过程中会面临各种冲突与挑战。一部分压力来自与原生家庭、社群之间的联结；另一部分压力来自从校园到职场的全新社会环境。这些新的社群虽然蕴含着更多的机遇与可能性，但在寒门学子成功适应新的环境与文化之后，这可能会增加后来人的伦理成本。寒门学子在实现向上流动之后，首先会造成原生社群人才流失，之后伴随着他们的成功，又变相巩固并延续了社会结构不公所带来的阻碍。

从学生到教师

我在从学生转为大学教授的道路上也经历过这种转变。在本科期间，我最深刻的记忆来自一位资深哲学教授的"集中训练营"。那门课为期一学年，面向有意读研的学生。课上学生人数一开始有40多名，到最后只有不到8个人留了下来。

我还清楚地记得，有一次，我们这几个心力交瘁的学术幸存者坐在研讨室里，我正在努力回答某个问题，教授突然狠狠拍了一下桌子，然后向我走来。他当时具体说了什么我已经记不清了，但大意就是："你到底在说什么东西？！想说什么就快说！"我至今还能记起我当时有多焦虑，几乎就要哭了。我不想丢脸，强忍着泪水，假装镇定地回答完问题。每当我回想自己在大学里学到了什么，就会想起那个可怕的时刻。而在一年之后，我顺利地进入了研究生院，能自信地参加高级研讨会，面对挑战与质疑也毫不退缩。那门课无疑锻炼了我的学术自信，更重要的是教会了我如何专业地伪装自信，应对挑战。

多年以后，我自己也成了一名教师，比起当年那个战战兢兢的本科生，我获得了更多的权力。然而，我在刚开始教书的时候，对于教师在社会结构中扮演的角色知之甚少，并没有发觉我对寒门学子处境造成的影响。在研究院时，没有人教过我如何指导教学，如何处理阶级、性别与种族在课堂中的动态关系。所以，在实际教学中，我只是简单地复刻了我学生时代的课堂经验：教师讲课，然后请举手的同学发言，将讨论的主导权交给本就很有自信的同学。因为这就是人们印象中的课堂模式，也是我当时最简单省事的选择。

当我开始反思自己的教学与求学经历，我才真正意识到，在我把课堂主导权交给本就很有信心、无惧自我表达的学生时，我就已经成了特权文化的同谋。因为那些学生本来就已经明白该如何驾驭大学生活，如何从中实现收益最大化。很多教授都会自然地更加关注那些敢于表达、积极参与的学生，而他们也正是那些愿意去教师办公室沟通、敢于对成绩提出质疑，或是积极求道解惑的学生。他们得到的不仅是关注，同时还有更好的成绩和光鲜的推荐信。而迎合这类学生的教学环境往往会使得寒门学子更加不适应高校的学习生活。回看我本科时的经历，尽管我也很怕那位教授，但我已经在秘鲁的私立学校学会了如何积极参与课堂讨论，而这也是我能在那门课上收获颇多的原因之一。"哲学训练营"的气氛极具威慑性，已经劝退了大多数胆小且犹豫的学生。我以前沾沾自喜，认为自己留下来是因为比他人优秀，却从没想过，离开的很可能正是那些本就不适应高校竞争环境的同学。

在人前发言，或是挑战权威的能力是可以让人终身受益的。当时和我一起留在那门课的同学大多数确实都进入了研究生院，而且据我所知，目前至少三分之一都成了教授。而在学术界以外的许多职业道路中，自信与自我肯定都是非常重要的技能。因此，那些容易在学术界"不知所措"的学生，尤其是女性、少数族裔和第一代大学生，要学会自我肯定，敢于挑战权威。

作为一名教师，我想鼓励那些容易被忽视的学生。既然我已经意识到了权力对教学的影响，就应该担起责任，更巧妙地调节课堂氛围。对课上许多学生来说，我对他们的要求并不低。每当我在课上提问，他们都会迅速低头，专心致志地盯着笔记本，避免与我有眼神交流。拉贾*（Raja）是大一年级学术写作课的学生，对他来说，参与课堂讨论是个不小的挑战。他是一位南亚移民，一双棕色的眼睛在课上常常透露出一丝不情愿，但是他的课后作业字里行间都是对学习的渴望，答案逻辑清晰。我每次请他积极参与课堂讨论，他都会面露难色。尤其令我惊讶的是，开学几周后，他竟来办公室试图说服我，说他不需要在课上发言，比起参与课堂互动更喜欢写论文。这种不情愿的背后有很多复杂的原因。拉贾本身性格比较害羞，他也承认，自己并不习惯在课上公开发言。他从小受到的教育是听老师的话，而非自我表达。我没有答应他，坚持希望他能在同龄人面前多多发言，多多练习。他想成为一名医生，那么学会与人沟通、与同事沟通就非常重要。听完我的话，他当时明显不太开心，离开办公室的时候，似乎也没有被说服。

几天后，拉贾再次来到办公室。他告诉我说，他和哥哥一起讨论了这个问题。他的哥哥也移民到了美国，而且出乎拉贾意料的是，他哥哥非常认同我的观点，认为想要在美国这个国家获得成功，就必须学会勇敢发声。拉贾和我制订了一个计划，他会在课上准备好提问或者其他发言内容，做好心理准备之后就会举手，那时我再请他回答。到学期结束时，拉贾已经可以自由发言了，脸上也不再出现不情愿的表情。

这种技巧在本科时给予了我很大的帮助，所以我也希望能够传授给拉贾。从表面上看，这似乎是一个成功的励志故事：学生克服恐惧，慢慢培养出良好的学业与职业发展技能。但是，实际情况远比这复杂。拉贾最终愿意在课上发言，这也可以被看作一种文化归化：移民孩子只有被迫自我重塑，才能适应美国主流中产阶级教育与职业环境。这种主流文化重视自信，鼓励自我肯定，勇于发声，对本书的部分读者来说，这就是成功路上不可或缺的重要技能。然而，有很多社群并不推崇这种中产阶级主流文化。事实上，确实也有很多其他文化群体更加尊重长辈、尊重学者，提倡倾听而非自我表达，也有适合自己社群内部的互动形式。作为移民，我和拉贾对此都很清楚。但是，如果我想在英美环境下继续哲学科研，如果拉贾想顺利在这个国家成为一名成功的医生，我们就必须学会适应。

然而，一旦寒门学子克服了最初的困难，拥有了一定的权力地位，他们就必须考虑清楚，自己的行为是否会巩固当前不平等的社会与文化规范，或是利用现有的地位改变现状。现在，我已经成功从课桌后站到了讲台前，就像我对拉贾一样，我在鼓励学生参与课堂讨论时，都会尽可能明确说明这种权力动态。与此同时，我也会努力确保其他学生的权益，不让他们失去应有的机会。如果拉贾未来成了一名医生，我希望他也能好好思量，当他逐渐走向权威，面对其他不敢提问的学生，他该如何做到最好。这种反思并不容易，我们接下来将继续探讨如何反思，如何做到不与阶级合谋。

寒门学子的独特处境

如前文所述，寒门学子在成功之后，会发现自己变相巩固了不平等的文化规范与社会结构，而正是这种不平等在最初导致了他们的艰难处境。在第二章中，我们谈到了社会经济隔离是形成向上流动中伦理成本的基本原因之一。寒门学子在接受高等教育并成功跻身中产阶级之后，就有经济资本住进教育资源良好的社区，让子女融入中产阶级社交圈层，从而进一步巩固了社群以及社会内部的阶级隔离[3]。第二章所涉及的中产阶级教育与职场规范也表明，这种文化模式相对独立，推崇自我肯定与个人主义。寒门学子在成功之后，也会雇佣那些自信、敢于自我表达、上过"好"大学的求职者，进而继续赋予那些本就处于主流文化、本就近水楼台的人群更多优势。最后，社会保障的匮乏加剧了向上流动中寒门学子需要面对的伦理冲突。如今，这些传统印象中成功的寒门学子获得了更高的社会地位，也有能力对自己的学生、雇员或同事发号施令，使他们也很难有时间顾全家中事务。

虽然这些艰难抉择一步步促成了寒门学子的成功，但也可能进一步巩固如住房、教育和社会隔离、文化错配、社会保障匮乏等一系列不平等的社会经济结构，使得更多的寒门学子及其原生社群需要付出高昂的伦理成本。更严重的是，在与原生环境渐行渐远之后，成功脱困的寒门学子可能会渐渐淡忘一路走来的种种挑战，或是像本章开头提及的那样，逐渐内化社会规范，变得更加自信，勇于发声，但同时也开始用这种规范标准来要求他人。上述种种表明，如果不好好厘清自己这一段艰难奋斗的旅途，就很容易成为阶级分化的同谋。

我也并不是想说，做出上述抉择就理应受到谴责。个人在不公平的社会结构中扮演着怎样的角色，又要对此付出多少社会义务，确实是个非常有趣的哲学思辨议题[4]。在很多情况下，我们都会感到自己受制于雇主、师长以及同辈期望。我想表达的是，我们都是这些社会结构中相互作用的一部分。尽管一些人更容易获利，但实际上所有人都加入了这个不平等的体系，共同增加了寒门学子的伦理成本。我指出这一点也不是为了说服那些自认为没有义务推动社会公正的人，而是想要说明，真正对自己成功道路有所反思的寒门学子，他们在这些社会不公的问题上是不会持中立态度的。回看我自己从学生到教授的道路，在我对课堂教学加以反思之前，我也不知不觉地偏向于那些已经做好学术准备的学生，巩固了他们的原生优势。我并没有发觉，在课堂上重演自己当年经历的教学模式只会让这种文化环境更加根深蒂固，从而将寒门学子置于更加不利的地位。而我一旦看清了这一点，就不能重蹈覆辙。我们所处的社会结构倾向于维持现状，从而有利于那些已经享有特权的人。明白这一点的寒门学子难以保持中立，仍然认为自己心系社会平等。

当然，特权阶层更加有责任去推翻第二章中谈及的社会结构，这一点无可否认。举一个最直接的例子：美国这种猖獗的种族、阶层住房隔离现象，不仅是几十年来政策的产物，也是那些手握资源的个体做出的选择，他们有资本在好的学区买房，然后又投票支持这种不平等的政策，将弱势群体排除在外。同样，与本书更为相关的是，高校行政、教职员工和中上阶层的学生对这种不公平的环境都负有部分责任，共同造成了对有色人种及低收入家庭学生不利的学习与工作环境。享有特权的人，包括我自己，难道不应该去努力改善大环境，去帮助弱势群体吗？我非常赞同这种观点，部分群体既然受体制青睐，就必须担下特权附带的社会义务。但是，这依然无法解答寒门学子的困惑，他们又应该做些什么？又能做些什么呢？

在社会中，有部分个体凭借不同程度的财富、教育、才能或社会关系获得了巨大的权力；也有部分个体因为缺乏上述资源，手上的权力极度匮乏。而我们绝大多数人都处在中间位置，有着一定的物质和教育资源，也有一技之长傍身，能通过努力让世界变得更加美好。即使我们无法动辄捐款数十亿美元，也依然能贡献出一份力[5]。特权阶层虽然权力巨大，但不影响我们普通人尽自己所能来改变世界，每一小步都是有意义的。而寒门学子成功之后，在社会中就占据着独特的位置，他们拥有一套特殊的技能与知识，能用以改善未来同样出身贫寒的学生的处境。

第一，寒门学子的独特处境为他们提供了独一无二的社会认知，这是出身优越的人无法体会到的，他们更能了解贫困社群的需求。现有许多针对弱势群体的"帮扶"举措并不完善，因为这些解决方案往往浮于表面，并没有真正理解目标社群生活的复杂性[6]。第二，寒门学子通过自身教育和专业经验获取了宝贵的知识和技能，在很多领域都有独特的解决问题的优势，比如法律、经济、城市规划等领域。第三，寒门学子在实现阶级跃迁、步入中产阶级之后，就已经获得了成功驾驭不同社会环境的能力。这种语码转换的能力意味着他们能更好地为弱势群体发声，因为当权者更有可能听取他们的意见。在上述这些方面，成功的寒门学子能为创造公平公正的社会结构发挥自身独特且关键的作用。虽然特权阶层有更大的能力与义务维护社会平等，但寒门学子们凭借自身的技能与知识，能够切实满足弱势群体的需求，在引导社会公正方面起到关键性的作用。

金柏莉的故事：哈佛学历又如何？

我与金柏莉*（Kimberly）的第一次见面是在一个阳光明媚的秋日午后，她坐在哈佛商学院外的一张野餐桌旁，当时的她正在攻读工商管理与公共政策的双学位硕士。金柏莉很有自信，也很有想法，她的哈佛之路始于克利夫兰的郊区。父亲在她两岁时就去世了，是母亲和来自巴巴多斯的祖母将她抚养长大。她告诉我说，家里当时经常需要依靠食品券才能过活。尽管她们经济拮据，祖母还是精打细算地设法在一个中产阶级社区买了房子，好让金柏莉读上好学校。在那里，她是少数几个有资格领取免费午餐的学生之一。在那所中产学校中，她也意识到了社群隔离：尽管校方慢慢开始招收更多的非裔、拉丁裔学生，但和她一样成绩优异的非裔学生屈指可数。毕业后，金柏莉获得了俄亥俄州立大学的全额奖学金。她之后在美国支教项目（Teach for America）做了两年教师，又做了两年管理咨询，现在就读于哈佛大学，规划自己接下来的人生。

金柏莉的人生履历非常出色，从很多方面来看，她的学术道路都是美国教育体系的理想范本：一位年轻、勤奋又聪慧的美国非裔女性通过公共教育一步步走向成功。她的本科学位，以及不久后即将获取的硕士文凭，能让她在很多工作场合脱颖而出，展现出不俗的个人能力。但是，如前文所述，脱贫的道路远比想象中的复杂。

当我问金柏莉在哈佛是否有归属感的时候，她思考了很久：

> 是也不是。由于财务原因，我有很多活动不能参加。我有些朋友刚刚去了纳帕，有的去了冰岛。很多同学能环游世界，而我可能永远都做不到。我倒也不会因此就觉得自己是个局外人，但确实会有一点不合群。我曾经和其他背景相似的同学聊过，他们有很多人都感到不太适应，而且还会隐藏自己的出身。我为自己的出身感到骄傲，哈佛有我的一席之地，我和其他同学一样，甚至比他们更值得留在这里……毕竟我可没有有钱的老爸，能靠捐一栋楼入学读书。

金柏莉非常明确自己在生活中所面临的阻碍，同时，更重要的是，她也明白是社会经济大环境导致了寒门学子的这些困境。而且，作为一名教育工作者，她很清楚这些不平等

是如何在哈佛的学术环境中体现出来的，并将这种感知的能
力视为一种力量，不自卑自怜，而是对自己的出身感到自豪。

确实，金柏莉最令人钦佩的一点就是她非常明确自身的
价值，明白自己真正想要的是什么，知道自己的底线在哪里。
她很清楚为了成功需要做出哪些伦理价值上的取舍，更重要
的是，她也知道哪些价值是自己不愿意割舍的。当家人向她
寻求经济援助的时候，她即使非常痛苦，也还是会拒绝，因
为她还有自己的学费要承担。但是，她依然会尽自己所能在
一些方面帮助家人渡过难关。当我问她，其他同学是否对家
庭有着不一样的态度时，她非常肯定地回答道：

> 哦，当然了。我觉得美国人普遍更加注重个人
> 主义。我反正是绝对不会把妈妈送进养老院的，肯
> 定要和我一起生活，没得商量。我妈妈失业后一直
> 和我住在得克萨斯。之前就有朋友和我说："哦，你
> 其实不需要这样的。"不是的，我需要这样。人得顾
> 家，得把家人放在首位。要不是我的家人花光积蓄
> 置办房产，还背上了房贷，我根本没机会享受良好
> 的教育资源，也不会有今天的成就。

金柏莉在常春藤盟校学习时，依然与原生家庭、社群保
持了紧密的联系，这一点非常难能可贵。她做到了我在上一
章中提到的"清醒的语码转换"：明确自身价值观，清楚自己
为了成功愿意做出哪些牺牲；明白自己的选择与宏观社会经

济结构有着怎样的关联；以及对自身在社会结构中的独特地位、对其他弱势群体的义务有清晰的认知。

金柏莉之所以能有这种清醒的伦理视角，是因为她看清了自身处境中的利害关系。不仅如此，她也很清楚，是社会经济结构造成了寒门学子的困境，而这种结构必须改变。她的未来充满了各种可能性，但她最关心的人却举步维艰。从我们的谈话中可以看出，这种差异显然令她的内心无比挣扎。她敏锐地意识到，其他人没有她那么幸运，但她也不知道该怎样帮助弱势群体。一方面，金柏莉想回归贫困社群，为他们的生活"增加真正的价值"。但另一方面，她也担心无法照顾家人，她告诉我说，"人是真的会怕穷"。据她观察，很多来自相同背景的同龄人没有选择回家都是出于同一原因："他们不想冒险，安安分分地上班就能领到可观的薪水，而那些真正能帮助社群的工作风险太大了"。金柏莉没有过多纠结于他人的困境，而是一心想要找到一种在不影响个人处境的情况下，能利用自身地位去帮助弱势群体的最佳方案。

拥护社会公正

金柏莉所面临的抉择沉重且艰难。在《选择退出：美国非裔青年精英的流失》（*Opting Out: Losing the Potential of America's Young Black Elite*）一书中，作者、社会学家玛雅·比斯利（Maya Beasley）采访了就读于加州大学伯克利分校和斯坦福大学的非裔学生，发现非裔精英学生并不像许多白人同龄人那样渴望从事高薪职业，他们当中进入咨询、金融、科技或工程领域的并不多，很多人选择从事社会工作、进入教育行业或是非营利机构。比斯利指出，在她采访的非裔学生中，职业规划与选择受到很多因素的影响，包括他们在本科前并没有接触过很多薪酬可观的工作。除了缺乏职业道路指引外，比斯利还注意到了一个额外的关键因素，那就是寒门学子的社会责任感。有很多非裔学生都和金柏莉一样，认为自己有义务回馈社会。比斯利在书中写道，这些非裔学生"有一种强烈的使命感……在职业选择中尤为注重社群与社会责任……此外，他们往往认为，自己一路走来获得了太多的帮助与鼓励，极其有幸能得到多方的爱与影响，这也是他们选择回馈社群的重要动力[7]"。这些学生清楚地意识到，自己与社群其他同龄人相比更加幸运，因此也有更强的社会责任感。

寒门学子在实现向上流动之后，非常清楚自己获得了帮助他人的能力。比斯利的研究也佐证了我多年的教学经验：很多寒门学子已经充分地，甚至是惨痛地，意识到了自己来之不易的社会地位所附带的社会责任。正如我们在金柏莉身上看到的一样，困难之处在于厘清下一步该怎么走：要如何承担这种责任，让贫困社群有机会获取更多的机遇与资源，同时维持自己辛苦得来的社会地位。

比斯利采访的学生向我们展示了一条可行的道路：通过参与社会工作或教学直接帮扶弱势社群。社会工作者与教师都有着至关重要的社会作用，为他人服务的事业也注定是有价值的。但是，如第二章中所述，寒门学子在向上流动的道路上面临的挑战来自社会经济结构，无论社会工作者或教师如何奉献，仅凭个体的努力很难改变现状。当然，有些寒门学子特别适合从事教育工作，帮助弱势群体。要不是因为众多有才华、有能力又善于鼓舞人心的老师和社会工作者，也不会有这么多成功突围的寒门学子。但是，这并不是社会变革的唯一途径。

金柏莉告诉我，她之所以离开教学岗位，是因为她觉得："无论我多么拼命工作，我只教孩子们一年，权力也十分有限，他们根本得不到应得的教育。"她觉得，也许有了更高的学历，她就有机会进入教育部门，担任制定公共政策的角色，这样也许就有能力改革社会结构，让教育体系更有利于和她一样的贫困学生。我们认识的时候，她还在考量这是否是最优解，因为她当时对公共政策学院的几门课程都很失望。她后来在商学院体会到了一种更有活力、更加包容的学术环境，现在的她正努力化知识为行动，希望能找到一种全新的模式去帮助贫困社群。

比斯利在书中提出，教师及其他直接利他性的职业并不是改变社会结构最有效的途径。她认为，年轻有为的非裔学子偏向从事低薪职业并非良性趋势，可能会造成很多问题。"为社会做好事"的确重要，但远远不够。比斯利认为，我们需要更多非裔精英进入华尔街、K 街❶之类的政治经济中心，

---

❶ K 街位于美国华盛顿特区，被誉为国际政治中心。——译者注

这样才能在"最大限度降低金融风险，促进社会包容，多方位打击种族歧视"方面起到促进作用[8]。例如，美国非裔与白人之间的财富差距已经根深蒂固，不是减少收入差距就能解决的[9]。而想要缩小财富差距，就需要让部分非裔学生步入高薪行业，让他们的家庭有资本积累财富，让他们有机会获取更多的政治权力去改革税收制度。然而，如同斯米尔宁斯基《楼梯的故事》所述，这条权力之路也有一定的风险。

加入精英阶层并非改革社会结构、行使政治权利的唯一途径。投票、基层工作以及各种其他形式的政治活动都是社会变革的有力工具。综观美国历史，在一些民权运动中，我们已经看到了基层组织的巨大号召力。当然，我们也不能低估从内部颠覆不平等社会结构的必要性。

高等教育，尤其是名牌大学教育，能在很多方面改变一个孩子的一生，但最重要的一点是教育在经济、社会及政治层面为学生提供的推动力。这也正是寒门学子在加大原生社群利益方面具有独特影响力的原因，因为他们恰恰获得了社群内部其他人所缺乏的权力。此外，如前文所述，对于有才能、追求社会平等的寒门学子来说，他们面前可供选择的道路有很多。有些学子兼具技能、动力与知识储备，非常适合投身教育与公共事业；有些学子能力超群，能够参与或领导社会运动；还有一些能跻身精英阶层，利用职位权力推动社会结构性改革。为了成功改变现有不平等的社会经济、文化以及政治格局，不再偏袒富裕的特权阶级，我们需要从各个层面、各个角度共同解决问题。

　　无论他们最后选择怎样的道路，即使是最有同理心的寒门学子也会经历痛苦抉择，苦心维护来之不易的社会地位。就比如，要是我在纽约市立学院的最初几年里，将所有的精力都用在帮助学生身上，没有时间兼顾自身科研，我就无法获得终身教职，也就无法继续留在高校，帮助更多的学生。我们应该利用自己在社会中承担的角色，无论是教师、律师，还是家长、社会工作者，都能帮助改变社会结构，在平等的道路上出一份力。这就是哲学家罗宾·郑（Robin Zheng）提出的"边界推动"效应（boundary-pushing）[10]。然而，维护这些角色身份往往需要我们暂时接受并默许现有的社会结构。因此，即使是有责任感、希望承担社会责任的寒门学子，也必须在两个世界间周旋，一边努力维持自身社会地位，一边试图改变社会结构，一步步走向公正与平等。

适时反思

　　如前文所述，寒门学子需要肩负极重的伦理成本。就像之前提到的那名学生一样，她要顾全化学课上繁重的课业压力，可同时也会因没能回家照顾病重的妹妹而倍感内疚。寒门学子其实很清楚，这种艰难处境从本质上来说是不公平的。他们也会沮丧，但垂头丧气是没有用的。为了解决这一问题，他们必须意识到寒门困境的潜在原因。对公平与正义的思考，明白世界该如何运作，这些都可以帮助寒门学子理解社会不公的本质，看清寒门困境是社会结构上的问题，绝不仅仅是个人的挑战。

前几章指出，寒门学子需要思考如何在成功实现向上流动的同时保证自身的伦理价值观。但是，当他们真正意识到这条道路所带来的伦理成本，真正明白了伦理成本的成因与性质，这种深层的反思也会带给他们更深刻、更广泛的问题：什么才是更加公平公正的社会？我又该怎样利用自身的才能、知识与动力，去改变现有的社会结构？这些问题需要我们用一生去探索，而这一责任也绝不仅仅落在寒门学子的身上。我们应该了解向上流动中伦理成本的本质，看清社会结构在这一过程中的重要作用，以及我们每个人在其中的重要影响。

寒门学子的困境不仅在于这些问题本身就极具挑战，也在于他们通常很少有时间或空间，能在与苦难做斗争的同时，在百忙之中停下来好好思考这些问题的本质[11]。我有很多学生都是如此，他们既要努力学习，应付考试，又要挤出时间打工，并帮扶家里与社群。他们身上的担子太重了，以至于我有时都很佩服他们能在这种情况下完成大学学业。不仅如此，这种困境由于当前的高等教育体系而变得更加复杂，因为高校对于弱势学生群体的教学重点发生了改变。哲学，乃至文学、历史、社会学等领域都逐渐被看作有意义但无用的学科。尽管高校环境有利于培养学生在伦理价值方面的批判性反思，但许多美国人依然对本科教育持怀疑态度。他们认为寒门学子所需要的教育应该是社区大学或大型公立大学中的实用性学科，这些能帮助他们更好地步入职业发展的道路[12]。造成这种现象的部分原因是高校向公众话语妥协，默认了社会对人文学科的贬低。但更重要的是，现在越来越多的学生选择进入大学，但他们在时间和金钱方面都非常拮据，任何额外的学术负担都会让这些年轻学子付出沉重的代价。

我所在的高校比较特殊，依然要求学生选修大量的人文课程，其中就包括我的哲学入门课。每学期都会有学生不想花费时间、金钱去阅读康德和穆勒，只想专注于自己本专业的课程，这是可以理解的。对于就读于哈佛大学和耶鲁大学的富裕学生来说，花时间去感受狄更斯、西蒙娜·德·波伏瓦（Simone de Beauvoir）或杜波依斯有百利而无一害。但是，也有许多学生问我，为什么他们在兼顾工作、家庭、学业与职业规划的同时，还要选修这些课程？尽管他们中的很多人最后都表示在课上受益匪浅，但不可否认的是，这些额外的学术要求只会让他们觉得，自己的毕业之路又平添了一道昂贵又耗时的阻碍。

高等教育越来越关注学生未来的职业技能，这就导致他们没有多余的时间或精力去思考一个核心问题：这个世界到底应该是什么样？这种反思其实非常关键，并非是在浪费时间，并且对受负面社会结构影响的群体尤为重要，但可惜的是，也恰恰是这一群体最缺乏这种反思的条件与资源。

建设真正公平公正的社会道阻且长，社会需要更多的教师、社会工作者、顾问导师、金融从业者和基层工作人员。但同时，我们也要反思，当我们在这些岗位上奋斗时，促成的究竟是谁的利益。因为通常来说，理想主义在公众中的话语权都掌握在本就处于优势地位的群体手中[13]。当然，即便如此，这些公众话语也只会出现在餐桌上、工会里以及竞选台前，很少能真正渗透进政策制定中。想要让政策真正有利于弱势群体，就需要更多的寒门学子参与到政治对话中来。而如果高校把寒门学子的教育重点限制在职业培训中，就会大大降低他们进入政治话语的可能。

当然，我的这种观点肯定有些自利性偏差，哲学教授认为人人都该学点哲学，倒也不是什么新鲜事。但我并不是想推荐大家都去学某个学科，或研究某个领域，也并不推崇某种特定的方法论。我只是想在此倡导，高校与社会应该多为本科生提供一定的时间、空间和框架，让他们能深入反思自身价值观，加深对正义与公平的理解，绘制更好的世界蓝图。尽管这些都是哲学学者们千百年来探讨的主题，但这样的反思也并非局限于哲学专业，在社会学科中，甚至学生会、新生研讨会中都可以开展。不管哪个专业，所有学院都有能力促进学生在高校教育中进行自我反思。寒门学子尽管身负重担，也应该合理利用学院资源，参与到这些讨论中来。

我希望这种反思可以渗透本科教育，同时，这也是我对哲学学科的希冀。哲学学者注重思考生命中最重要的问题，帮助人们看清"普遍"且普世的真理。但是，他们自己往往都来自特权阶级，仅在社会中占了极小一部分。不仅如此，哲学学科的受众通常都是那些家境殷实的白人男性[14]。很多名牌大学的文科学院中，绝大多数学生也都来自富裕的白人阶层[15]。因此，大部分关于社会公正的哲学讨论都是围绕特权阶级的白人男性展开的，而维持现状对他们来说几乎没有损失。这也是寒门学子尤其需要反思上述问题的另一个原因。只有能在制度变革中受益的人群才有可能真正推动社会改革，因此，寒门学子独特的文化与创造动力可以在社会结构变革中起到关键作用。

第五章

构建伦理
叙事

传统的向上流动叙事掩盖了寒门学子真实的伦理成本，将他们的牺牲描述成一种时间、金钱以及精力上的短期投资，会在日后步入中产阶级之后获得丰厚的回报。在这种个人主义的向上流动概念中，社会结构被看作需要克服的挑战与阻碍，而非每个人日常生活中的一部分。这种视角忽略了亲友与社群本身也需要帮助的事实，并掩盖了他们的个体属性。如果能给予帮助与支持，即为盟友；如若不能，即为阻碍。成功的寒门学子也没有必要想太多，现在的生活条件比原生条件好就可以了。身边的亲友、社群理应为他们的成功感到自豪。

在前几章中，我们论述了传统叙事忽略了寒门学子必须承担的伦理成本，以及伦理成本对情感价值的影响。同时，这种叙事也忽视了不公平的社会结构，如社会经济隔离、社会保障匮乏以及文化错配，会在很大程度上将这种伦理成本集中于寒门学子及其原生社群。我们之前提到，寒门学子在向上流动的道路中，经常会发现自己很难平衡个人前途以及其他伦理价值之间的关系。实现向上流动往往需要这些孩子改变自己，远离他们认为有意义、有价值的人或事。这些被忽略的影响因素也在本质上颠覆了传统的向上流动叙事。本章将指出，我们需要一种全新的、更为坦诚的视角，帮助寒门学子看清他们所面临的伦理挑战以及其中的利害关系。这种清醒的伦理叙事有三个核心特征：坦诚面对向上流动中的伦理取舍；将权衡与取舍置于特定的社会经济与历史背景中；鼓励寒门学子反思自身价值观，以及自己对整个社会的影响。

卡拉的故事：为了一个本科学历，值得吗？

卡拉*（Carla）是我课上一名挂科的学生。她是哲学专业的，刚开始的几周，她似乎对学业很上心，尽管经常迟到。可不到一个月，她的出勤率就越来越低，直到最后我已经不指望她来听课了。在学期结束前几周，卡拉突然来办公室找我，很明显是想来问问有没有办法可以挽救成绩。当时已经临近期末，做什么都没用了，我也只能对她实话实说。她很失落，但似乎也在意料之中。其实，和其他来办公室找我的学生不同，她并不想求我让她及格，或是接收她晚交的作业。我想，她也许只是想让我知道，她不来上课并不是因为不喜欢我的教学内容或风格吧。

在交谈中，我发现卡拉还有好几门课也不及格。她叹了口气告诉我说，因为她不想贷款读书，所以每周至少要工作50至60小时，要打两份工才能付清学费。她的父母拒绝帮她支付大学费用，但因为他们的收入水平不低，所以卡拉没有资格申请学生补助。我又气又无能为力，她也显得心有不甘。

卡拉绝非唯一一个有这种情况的学生。纽约市立学院的学生绝大多数都有资格申请财政补贴，但份额很少，也无法覆盖日常的生活开销。很多学生还有许多额外压力，需要承担起养家的重任，或其他经济负担，这些都是学生补助无法覆盖的。于是，他们就选择了打工 [1]。工作时间越长，学习时间就越少。这些学生中有许多人成绩落后、挂科或无法毕业，辍学的也不在少数。事实上，威廉·鲍恩（William Bowen）和迈克尔·麦克弗森（Michael McPherson）的研究表明，目前高等教育最大的挑战之一就是毕业率低，尤其是寒门学子居多的高校，其中就包括我所任职的纽约市立学院 [2]。

但最令我愤愤不平的是，卡拉认为一切都是她自己的原因，是她没有能力在全职工作的同时，取得好成绩并修满学分。我当时和她说，在这种情况下大家都是一样的，都做不到两者兼顾，谁都无法一边高强度工作，一边好好学习。但是，卡拉坚持认为，这是可行的，经常能听到有人特别厉害，在全职工作养家的同时完成了大学学业。诚然，确实是有这样能力超群的人存在，我也遇到过这样的人。但说实话，我们不能期待所有寒门学子都做到这种程度。寒门学子本就出身劣势，凭什么要求他们努力至此，做出极大的牺牲才能获取一个本科学历？而我们又凭什么对他们的失败指指点点，认为是他们自己不够努力？

卡拉的困境体现了传统高等教育叙事的缺陷。在这种叙事下，大学学历是值得付出金钱或伦理代价来换取的，同时，学生们也理应为此做出巨大的努力。这种观点不仅浪费了卡拉一学期的努力（和学费），还从根本上打击了她的自信心，让她认为是自己不够努力。

在我平复心情之后，我们就开始探讨，有没有现实可行的方法能帮助她顺利毕业。她可能还需要一定的时间才能让自己全身心地投入学习中，而在这期间，她将不得不做出许多牺牲，还要面对紧张的家庭关系。"值得吗？"她这样问我，可我却无法直接给出答案。因为正如我在本书中所强调的，除了卡拉本人，没有人能回答这个问题。所以，我们开始一一列举其中的利害关系，即想读大学的原因，为了获取学位要做出哪些牺牲，高等教育体系中哪些不公平的地方会对获取学位造成影响，以及拥有（或没有）这一学位对她未来的影响。换言之，我们在构建本章的主题：一个清醒的伦理叙事。

尽管我们那天下午并没有得出一个明确的答案，但她依然对我深表感谢。她告诉我，从来没有人如此开诚布公地和她聊过这些问题。攻读学位是一段漫长的、不断变化的旅程，只有她可以决定要不要读，路上的一切也只有她一个人承担。同样，我也并不期望这本书能给读者带来明确的答案。这是伦理学的本质，也是反思与生活的本质。伦理学能帮助我们总结经验，理解生活中苦难的缘由。尽管认知与反思自身价值能丰富并加深我们对自己与世界的理解，但却无法轻易为人们提供标准答案。传统的向上流动叙事的问题在于，它掩盖了其中最大的挑战，并给出了一个并不充分，又过于简化的宏伟蓝图，让很多人对这种普世的人生规划信以为真。

在本章中，我们将探讨如何摒弃传统视角，形成一种更加诚实的向上流动叙事。这种叙事没有标准答案，仅提供思路框架，帮助寒门学子应对未来的困境。这一方式需要我们结合前面几章所涉及的各种因素：了解向上流动中可能流失的价值与意义；明确社会经济背景对寒门学子造成的伦理成本；平衡向上流动中的身份认同危机；不与不平等社会的结构同流合污。

伦理叙事的基本结构

我们是喜欢听故事的生物。我们当然会被别人的故事吸引，但同样重要的是，综观历史，跨越文化，我们也被驱使着去构建自己的故事[3]。故事能帮助我们理解自己的生活，从混乱的现实中提取意义。而叙事视角则可以帮助我们阐明自身价值，厘清人生方向。社会心理学学者发现，不同的叙事视角能对人起到或推动或制约的作用。[4]

大家都爱听鼓舞人心的故事，就拿大法官索尼娅·索托马约尔（Sonia Sotomayor）来说，她成长在布朗克斯区❶（Bronx），幼年丧父之后由妈妈抚养长大，先后就读于普林斯顿大学、耶鲁大学，之后在美国最高法院拥有了一席之地[5]。这样一步一个脚印的成功故事有着催人奋进的魔力，让我们相信，只要愿意付出努力并为之坚持，就有可能获取类似的

---

❶ 布朗克斯区位于纽约北部，是有名的贫民区，犯罪率在美国位居前列。——译者注

成就。但事实一次又一次地告诉我们，这种叙事掩盖了向上流动的真实成本。

即使我们不愿意相信，现实依旧是残酷的。在美国，对于那些出生在低收入家庭的孩子来说，向上流动并非常态[6]。然而，美国人民总体上还是大大高估了实现向上流动的概率[7]。不仅如此，正如我在本书中所强调的，对许多学生来说，向上流动之路所需要的远不止坚持不懈的努力，还需要做出痛苦的抉择与取舍，可能会影响与所爱之人的关系，颠覆自身的身份认同与归属感。向上流动的叙事不仅是一个关于收获的故事，也是一个关于失去的故事。而传统的向上流动叙事往往会抹去一项关键差异，那就是不同群体会因不同的社会地位而面临不同的挑战。同时，传统叙事最大的问题在于，这种视角倾向于将向上流动描绘成一种万能的解决方案，无论是贫困、社会经济隔离还是机遇匮乏，仿佛全部都能用向上流动来解决，从而忽略了成功终究只属于少数人的事实，低收入社群的困境依然存在。

通过社会科学的研究与统计数据，我们可以对传统的向上流动叙事的有效性提出质疑，但也只能止步于此，仅仅指出其中的不足并不能真正解决问题。无论这些故事真实与否，都对我们有极大的吸引力。因此，我们需要重新建立一种坦诚又鼓舞人心的向上流动叙事。而我就成长于这样的叙事中，即移民学子的奋斗故事。移民学子希望可以通过移民寻求更好的生活机遇，我也是其中的一员。当然，这种叙事同样很容易被歪曲，但在很多关键方面比传统的向上流动叙事更为坦诚。具体来说，移民学子的奋斗叙事直截了当地揭示了最主要的牺牲品——伦理成本。在接下来的内容中，我将描绘一种理想化的移民叙事；人们很容易对移民叙事产生一种非常宽泛的理解，掩盖了个人的特殊处境。我希望能通过这种过于简化的叙事，突出传统叙事中所忽略的非移民寒门学子的困境。

设想一下，一位移民面对自己国内的腐败与专制，不得不在他国寻求经济发展的机会。她收拾好行李，离开熟悉的亲友与社群，孤身前往另一个国家谋求更好的前景。在来到这个国家的头几个月中，她非常思念家乡，几乎每晚都哭。不管是什么工作，工资有多低，待遇有多差，为了攒钱她都可以接受，以便未来创业、读书或是跳槽去更好的企业。她必须学会应对剥削员工的老板、不友好的邻居，忍受大大小小的种族歧视与刻板印象，并且她都接受了。她学会了当地的语言，适应了新的文化，明白了如何处理全新的社会关系，也交到了些新朋友。每每攒下一点钱，她就会寄回家，帮助妈妈和其他亲友补贴家用。

在重重考验中，有一种叙事激励着她不断前行，也提醒她反思前进的代价。为了创造更好的生活，她牺牲了心中珍视的种种价值：家乡亲友、社群联结、文化环境，明白自己这是在用情感价值做交换。了解这种价值置换之后，她就更有可能去主动寻找降低伦理成本的方法，可以选择留在与原生社群相似的社区，或是确保与家乡的联系。如果有一定的教育水平，她也可以把自己个人的情况置于全球视角，分析政治经济条件为贫困学生带来的影响。在获取一定的成功后，她可以像很多移民一样，对自己全新的社会地位进行反思，考虑如何帮助那些仍在贫困中挣扎的人。当然，每位移民都有自己的独特性，有些人可能并不善于反思，有些人不太需要做出太多取舍，但绝大多数人都能随着时间的推移，越来越明确自身的处境。

我就是在这样的移民叙事中长大的，坦白来说，这也是我们一家人的人生写照。我的外婆来自安第斯山脉的阿雷基帕市，后来移民到了秘鲁的首都利马；姨妈和妈妈从秘鲁移民去了欧洲；而我也自然会在他国谋求机遇。在我真正踏上这段旅程之前，就已经明白了这种移民叙事中的潜在成本（与收益）。在我读大学期间，我的家人就像许多第一代大学生群体的家庭一样，不懂我该找哪种学术顾问、选哪些课，或是如何融入大学社群。但幸运的是，他们已经帮我做好了移民的心理准备，让我提前对未来孤独、疏离且不适应的生活有了一定的了解。我见过妈妈和姨妈初到欧洲时的无所适从，也见过她们是如何一点点在海外建立起属于自己的社群与家园。从某种程度来说，这也为我带来了一定优势。虽然和普林斯顿大学很多大一新生一样，我也经常担心自己无法融入校园，或者来这里上学根本就是一个录取错误，但我可以把这种不适应归结于我的移民身份。这种移民视角也帮助我在普林斯顿大学找到了有归属感的社群。我的朋友们虽然本身不是移民，但很多都是移民子女。现在回想起来，我之所以和他们更有共鸣，是因为他们可以理解我当时所经历的文化变更。因为他们在家里、在校内外都经历过这种文化差异。这种叙事能帮助我们这些移民学子更好地面对孤独的奋斗旅途，如果幸运的话，也能帮助我们找到真正有归属感的社群。

当然，我们不能简单地将移民叙事套用在非移民寒门学子身上，但不可否认，反思这一叙事是有价值的。移民叙事建立在四个明显的特征之上，而这些特征同时也是伦理叙事的关键。首先，这种叙事肯定了人生中的多重情感价值，如人际关系、文化、与社群的联结，而不仅仅只关注教育或经济成就。其次，这种叙事明确指出，移民学子为了其他价值与机遇，往往不得不置换或牺牲部分伦理成本。尽管并非一直如此，但我们也理应将这种权衡与置换置于历史、政治与社会经济背景中来考量。再次，这种叙事认识到了移民带来的身份认同危机。随着移民学子越来越适应新的社会、新的生活，他们与母国文化之间的联结可能会相应减弱。最后，尽管这一点在移民叙事中出现的频率并不高，但移民的经历能使人更加批判性地看待两个国家之间的社会、政治与经济大环境，以及自身将如何在其中起到正向作用。在接下来的内容中，我将就每一项特征展开深入探讨。

认知伦理价值

在传统的向上流动叙事中，寒门学子牺牲了时间、精力与金钱，在某些情况下，还放弃了玩乐的权力。巴拉克·奥巴马在回忆他在印度尼西亚的童年时写道，他的母亲每天早上四点叫他起床，让他在上学前先自习三个小时，因为她担心奥巴马当时就读的学校不够严格[8]。这一情景就是很多人心中向上流动应有的样子：寒门学子就应该是那些从来不睡懒觉，天刚亮就起床学习的人；就应该是那些从不参加聚会，在图书馆学到关门的人。但是，正如第一章所述，这种刻板影响过度简化了向上流动的过程。寒门学子的确努力，但这种努力往往还伴随其他重要意义和价值的牺牲与取舍，而这些却鲜少有人提及。

为了了解寒门学子需要付出的伦理成本，我们需要一种正确的表述方式，而不是在抽象层面讨论所谓的"价值"。正如第一章所述，寒门学子珍视的许多道德价值是具有独特性的。因此，他们需要着重思考自己与亲友、社群之间的情感联结。谁是你最重要的人？他们在你的生命中占据着怎样的位置？你最看重哪种社交关系？这些关系中有哪些是难以维系的？同样，重视原生文化说起来容易，做起来却很难。我们很难界定自己究竟珍视文化中的哪些方面，但这非常重要。原生文化中有哪些地方是你不赞同的？为什么？与其泛泛讨论友谊与社群的价值，不如展开说说原生文化中的人具体对你的生活有着怎样的影响，你又如何影响着他们的生活。通过思考这一系列问题，我们能更清楚地认识到生活中的人际关系，并肯定其具体价值。

有大量研究数据表明，这种"价值肯定"的干预训练可以提高少数族裔学生的学术成绩。这种训练要求学生写下他们所重视的价值及原因。一组研究人员指出："价值肯定的重点在于，其中的内容都是个性化的，能深入挖掘每个个体的价值认同"[9]。他们指出，一项研究发现，要求一组七年级的学生反思对他们来说重要的价值——与亲友的关系，或是音乐与艺术方面的爱好——可以显著提升少数族裔学生的成绩，这种提升在两年后依然有效[10]。心理学家认为，这种肯定自我价值的训练可以激发学生在高压环境下的身份认同，通过拓宽视野，帮助学生跳出眼前的困境，有助于学生重新获得正确的自我认知。

这种认知价值与追求的视角可以帮助我们在面对困难与挫折时保持前进的动力，这一点非常重要。但我认为，这种价值在另一方面也对寒门学子尤为关键，即建立一种有助于降低伦理成本的向上流动叙事。我们需要认识到伦理价值的重要性，这样才能坦诚面对向上流动的真实成本。遗憾的是，传统的向上流动叙事并没有意识到这一点。传统叙事忽略了个体生命中的种种利害关系，将复杂的人生道路和目标简化为取得经济与教育成就。这种人生规划要求寒门学子放弃当前生命中有意义的价值，而去关注遥远的未来中那些尚未可知的"成功"。

然而，我们也会在伦理价值中做出权衡与取舍。在追求经济基础与工作条件之余，寒门学子需要明确自身还想要获得些什么。具体想要获取哪些伦理价值？大学学历究竟有什么用处？这些牺牲真的值得吗？这些问题对于我们这些已经拥有高等教育学位的人来说，答案是显而易见的。但是，对于正处在奋斗路上的学生来说，一切并没有那么明朗。当我

与学生聊起这些问题时，惊讶地发现他们很少有机会去反思
自己的教育经历，很少有人真正理解自己应该在课上学到些
什么、为什么要选修某些课程以及教育的最终价值又是什么。
然而，在有机会真正反思这些问题之后，我发现学生对人文
学科的价值、职业道路发展以及大学期间的收获有了深刻的
考量。很多学生告诉我，尽管他们花了大量的时间、金钱与
精力在本科学业上，但他们很少，甚至完全不会和同学、父
母或老师聊起这些问题。

其实，探讨这些问题本身也有助于理解向上流动过程中
的伦理价值置换，可以帮助他们理解，现阶段的巨大牺牲在
未来能换来哪些新的价值与意义。本科学历确实能为他们带
去更好的工作机会与经济保障，但是，寒门学子也应该明白，
高等教育除了一纸证书之外，还蕴含着更多的内在价值。他
们也该扪心自问：我能否通过高等教育成为一个更好的人、
一个更有见识的公民、一个更有生产力的社会成员？我又该
如何成为这样的人？随着时间的推移，个体不断成长，这些
问题的答案也会随之改变。但这些思考仍能为寒门学子提供
一个自省的机会，使他们在面对本书提及的种种困境时，明
白自己究竟为何而读书。

移民叙事中非常重要的一点在于，许多移民都对自己的
国家与文化倍感自豪。即使他们想要进入一个全新的国家，
接受全新的文化，也并不代表移民群体就一定要贬低自己的
原生环境。这也是当时任总统特朗普称移民群体来自"令人
厌恶的国家"时，很多人都倍感不适的原因之一[11]。背井离

乡的人往往已经牺牲巨大，因为不管怎么说，家乡都有值得被爱、被珍视的东西。特朗普不仅攻击移民群体，还称芝加哥内城为"祸害"，并称其堪比阿富汗战场[12]。特朗普的言论受到了广泛谴责，但他这种盛气凌人的态度确实印证了公众心中的刻板印象：寒门学子的原生社群往往都是贫民窟、内城或是贫困山区之类的地方，越早离开越好，没什么好留恋的。但是，如前文所述，一走了之是一种过于简化且具有误导性的解决方式。通常情况下，无论原生社群条件多么贫瘠，它都会在寒门学子心中留下很多有价值、有意义的回忆与情感，即便是为了追求更好的机遇与生活，那些也是很难割舍的。正确认识这种伦理价值的复杂性就是建立清醒伦理叙事的第一步。

定位伦理成本

正确认识向上流动过程中的伦理置换是构建伦理叙事的第二步，需要我们将这些权衡与置换放在历史、政治与社会经济背景中进行考量。传统的向上流动叙事在很多方面都具有一定的误导性，尤其是将注意力集中在个体的艰苦奋斗中，忽略了个体在人际关系及更广泛的社会、政治和经济结构中的作用。为了真正理解寒门学子的困境，我们必须将伦理成本与所处的社会经济结构联系在一起。寒门学子必须清醒地认识到，他们之所以需要在外部寻求机遇，并不是因为原生文化比主流文化差，而是因为社会结构的固化导致他们很难成功。如果否定这一点，不仅不够坦诚，也是对寒门学子的贬低，并进一步弱化了他们的信心。

索尼娅·索托马约尔和史蒂夫·乔布斯的人生故事虽然存在着巨大差异，但在传统的向上流动视角中，基本上可以抽象地看作同一类成功故事，因为他们都是通过努力奋斗改变了自己的人生。这种振奋人心的故事的潜台词就是：你也可以。这种叙事的误导性不在于其认为社会底层的人可以实现向上流动——当然可以，而且成功案例还不少——而在于这种叙事强调个人仅凭自身努力，就能打破原本不公平的社会、政治和经济结构，获取原本无法获取的资源与机会。我们只需稍微深入挖掘一下，就会发现几乎在所有向上流动的故事中，社会结构性因素都起到了或多或少的作用。例如，乔布斯的养父母在发现他的天赋之后，就在更好的学区买了房，便于他接受一流的教育。更重要的是，乔布斯可以接触到最早期的进步科技，这为他未来的职业发展提供了坚实的基础。乔布斯从大学辍学确实承担了一定的风险，但他当时已经有了很多技术经验，使他很快在雅达利❶（Atari）找到了一份工作 [13]。

为了深入了解这一问题，寒门学子可以问自己：在我所面临的种种困境中，是否存在社会、经济或其他结构性因素的影响？我要如何才能更好地理解这些因素？如何了解这些结构性因素对我的影响？我该如何看待目标社群与原生社群

---

❶ 雅达利公司于 1972 年成立于美国加利福尼亚州，是街机、家用电子游戏机和家用电脑的早期拓荒者。——译者注

的关系？我的阶级、种族和性别是否会为我带来某些阻碍？

很多寒门学子明白，住宅隔离或医疗保障匮乏等因素对他们的社会地位有着一定程度的影响。同理，他们面前的诸多挑战和避不开的伦理成本也并非因个人能力不足而造成的，而是由其出身背景决定的。在认识到这一点以后，寒门学子就能用一种新的视角来看待自己的个人经历。但是，一旦看清了个体的原生家庭、社群或学校在人生道路上的关键作用，也会感到不适，因为这会让我们觉得自己沦为了单纯的统计数字，没有任何的主观能动性。

每每读到第一代大学生的经历，我都会非常揪心，那种矛盾与焦虑的情绪似乎都能被简单归结于个人的出身背景。我有很多学生都意识到了这一点。在我的种族哲学课中，我们将哲学分析与社会科学相结合。他们中的大多数人都是少数族裔，所以在读到就业中的种族歧视数据时，大家心中都不太好过 [14]。学生们也不禁会想，他们的简历有多少次是因为自己的拉丁裔或非裔姓名而被直接忽略的。但是，一旦能从伦理道德的角度去看待这些问题，无论前方有多少艰难险阻，我们都会努力争取更多的权益，而不再简单地接受这种不公平的社会地位。

为了更好地生活，我们必须在有限的条件下尽力做到最好。寒门学子不得不在上课与加班赚钱养家之间做出抉择，同时也要明白，并非所有大学生都会面临这样的选择。我们要明确，是社会资源分配不平等造成了这一系列问题，这样也有助于在社会背景中理解寒门学子面对的伦理抉择。但是，仅仅是理解这一事实，并不足以化解这些伦理冲突，也无法改善学生们的教育困境，无法帮助寒门学子做出选择。

我有一位学生曾告诉我，他以为高校面向的会是一个完全不一样的世界，但他却发现，很多课都会把讨论的重点转向他的原生社群，教授们对贫困、暴力以及机遇匮乏等种种困境尤为感兴趣。他并没有在课上与教授争论，但看到自己的故乡成了被研究的对象，他还是有些不适。然而，在临近毕业时，他开始慢慢理解高等教育为他提供的这种更广阔的视角，也由此引发了他对原生社群更深刻的思考。这种后天习得的反思能力可以帮助寒门学子跳出最初的困境，不再排斥将原生社群作为研究对象，打造出一种清醒的、更客观的伦理叙事。

20 世纪 80 年代的利马深受恐怖主义、恶性通货膨胀和经济停滞影响，所以在我小的时候，外婆一直坚信移民才是最好的出路。我见过妈妈和姨妈移民欧洲时的艰苦生活，也明白是家人的牺牲为我带来了更多资源，让我比秘鲁的其他同龄人要幸运得多。随着我在学校了解到更多有关殖民主义的历史以及美国在拉丁美洲的影响，我也开始意识到，国家内部机遇的匮乏与大环境下地缘政治的动机与政策息息相关，且往往不利于全球南方。这一视角也帮助我更好地理解了原生环境以及我后来在美国的所见所想：这个全新的世界并不是为我这样的人建立的。这种认知可能会令人沮丧，但也可以成为一种前行的动力。

平衡发展中的身份认同

社会关系塑造了我们的身份认同，所以当这些关系受到威胁时，每个人的个人身份也会相应受到影响。第三章论述了文化语码转换可以作为一种缓解身份认同危机的方式，寒门学子会通过改变个人的行为方式来应对原生社群与目标社群的差异。我在第三章中指出，这种语码转换无法规避向上流动过程中的伦理成本，因为自我是不可分割的，一旦两个世界的需求出现重叠，就必然会造成伦理价值冲突。我们可以在不同的时空用不同的方式生活，但终究不是长久之计，总有一天要从中做出取舍。而一个清醒的伦理叙事可以帮助我们做出相应的选择。

在认识到向上流动道路中的伦理成本之后，我们需要将其置于宏观的历史、政治及社会经济背景中，思考哪些伦理价值是可以牺牲的，哪些是我们不愿割舍的。这个决定与思考的过程就是建立伦理叙事的下一步。寒门学子既想履行家庭义务，保持与家乡社群的联结，又想改变自己，尽快成功，这两者在本质上就是矛盾的。在这两种压力间摇摆不定只会让人更加迷茫，甚至失去方向。为了更好地应对这种冲突，寒门学子必须明白，什么是他们想要的核心价值。如果真的既想当一个孝顺的孩子，又想做一个用功的大学生，那他们就必须想清楚，当这两者发生冲突时，自己究竟愿意做出多少牺牲。

每位大学生在校期间都要应对这种身份上的转变。教育就其本质而言，会对个体造成深刻的影响。对于那些父母接受过高等教育的富裕学生来说，这种转变并不会触及根本，造成其与原生家庭或社群间的冲突。尽管富裕学生也有可能会遇到较大的变化，但这种变化并不是由原生社群与高校之间的鸿沟造成的。对于许多寒门学子来说，应对这种伦理冲突是大学经历中最重要的一部分。

为了构建伦理叙事，寒门学子必须考虑以下问题：为了成功，我愿意牺牲多少价值？我可以在多大程度上做出改变？我该如何应对压力？我该如何维持与所爱之人之间的联系？这些问题很难回答，且找寻答案的道路只有自己一个人能走。当然，这个过程并不是一成不变的，在不同的时间节点，每个人最珍视的事物不同，社会关系也会发生变化，会有新的兴趣爱好，或是在新的社群找到归属感，从而使个人身份认同发生相应的转变。

我们可以从移民叙事中学到很多东西。移民叙事不仅直面移民过程中潜在的伦理成本与权衡置换，还揭露了这些伦理成本对个人身份认同的影响。许多移民对两个社群都有感情，却又往往分身乏术。我外婆在年轻时就移居到了首都利马，从那时起就一直住在那里，尽管几十年过去了，当她再回到生养她的山区时，她仍然认为自己就是阿雷基帕人。虽然外婆每每出远门，想念的都是利马，可这也不影响她依旧心系故乡，牵挂着那里几乎素未谋面的侄女们。离家60多年后，她的各种远方亲戚仍然会经常给她打电话，向她寻求经济与情感支持。她的女儿们，也就是我的妈妈和姨妈，都不太理解为什么外婆已经人到晚年，还是坚持尽职尽责地寄一些衣服和钱回老家。老太太常常反驳说，这对她来说并不算什么负担。她在阿雷基帕的家人对她固然重要，但这些包裹与来电也是她与故乡、与自己的身份认同之间难以割舍的联结。

许多移民都明白，走入一个全新的国家往往会削弱自己与故乡的联结，而失去这些情感联结会进而改变他们的身份认同。只有意识到向上流动的潜在危害，寒门学子才能更好地去反思、去妥善应对这些潜在危害对其价值观及其身份的潜在影响。

不与阶级合谋

为了认识到向上流动过程中的伦理成本，并将其置于社会经济结构的大环境下，寒门学子需要批判性地审视自己在社会中的地位。这一反思与审视的过程需要寒门学子将看似个人的选择置于更宏观的社会视角，为之后构建伦理叙事奠定基础。寒门学子不得不承认，向上流动将他们推到了一个充斥着伦理风险的微妙位置。当他们最终走到更高的权力地位时，很容易与不公平的社会经济结构同流合污，导致更多寒门学子走入普遍困境。如果想要改革社会结构，消除寒门困境，那他们必须想清楚下一步到底该怎么走，在不影响这来之不易的社会地位的同时，思考社会制度对寒门学子的阻碍。这一反思道阻且长，是一个不断发展、不断迭代的过程，需要我们随着个人境遇的变化不断做出调整。向上流动的伦理叙事不仅可以帮助寒门学子理解奋斗途中的挑战与牺牲，同时也有助于反思个体在其中可能造成的影响。

第一代大学生群体可能不太相信自己拥有改变社会结构的能力与力量，这也反过来证实了构建伦理叙事的重要性。我在纽约市立学院带过一个小型的新生研讨会，是我教过的最愉快的课程之一，课程目的是帮助刚刚入学的大一新生集中训练学术写作。我鼓励课上的学生们继续一起选修其他课程，希望他们能在小团体中建立联系，形成学习社群。研究数据表明，这种学习社群有助于提升大学保留率[15]❶。这门课也鼓励学生多多与教授交流，探讨在校期间取得成功的各种策略。有时，我会在课上请前几届的学生，也就是正在读大二、大三的学长和学姐，来分享他们的个人经验。这些学生其实也就只比新生多了一两年的经验，但却已经有能力帮助其他寒门学子了。他们在进入职场之后，也能提供更多个人智慧，为建设更加公正的社会出一份力。而我的工作，以及这本书，也同样怀揣着这样的愿景。我一个人的力量虽然有限，但也不是毫无影响的，这就是伦理叙事激发出的意志。

从这个角度看，移民叙事也许会比我们想象中的更有局限性。虽然移民叙事确实敦促着移民学子思考成功所带来的义务与责任，但这种义务往往只聚焦在家庭或是同胞身上，并不会落在造成全球经济不平等的社会结构上，可恰恰就是

---

❶ 大学保留率（college retention rate）指大一新生在学年结束后继续在该校就读的概率。——译者注

这种不公平的社会经济结构使得很多人不得不选择移民。许多移民出国寻求更好的经济机遇，以便为留守的家人提供经济支持，而移民汇回的资金往往对发展中国家的民生发展起到了至关重要的推动作用[16]。但是，这些资金流动并不足以对全球不平等的社会经济结构形成重大改变。因此，尽管那一笔笔寄往家乡的汇款标志着移民群体尽到了部分伦理义务，但从宏观上看，还是远远不够的。

在这一点上，当代美国社会有很多耳熟能详的故事比移民叙事做得更好。奥巴马和索尼娅·索托马约尔都在他们的回忆录中提到，他们在向上流动时就已经怀有进入公共服务领域的志向。但是，如第四章中所述，有很多方式可以改进不公平的社会结构，需要我们对各种问题展开持续性的思考：我的原生社群，以及我本人，在努力争取更好生活的道路上遇到了哪些挑战？我该如何最大限度地利用个人习得的技能与知识，帮助社会变得更加公平公正，减轻弱势群体所面临的困难？我有没有在不知不觉中巩固了不公正的社会结构？为了回答上述这些问题，寒门学子（以及我们每一个人）必须更深入地思考，什么才是一个更加公平的社会？这需要我们持续不断地进行反思，虽然困难重重，但我认为，想要打破传统的向上流动叙事中的个人主义假想，这一点尤为重要。

共同构建伦理叙事

如前文所述，我们需要一种全新的向上流动叙事，并对其中的重要性及关键元素进行了探讨。但是，应该如何构建，以及在何处构建这样的全新叙事？我认为，我们需要倾听彼此的故事来引发相应的反思，从而构建全新的伦理叙事。寒门学子和第一代大学生需要关注他人走过的艰难道路，因为那些故事往往是痛苦的，也是坦诚的。我们要在他人的故事中看到与自己相似的可能性，并承担起构建寒门叙事的重担。

如本章中所强调的，伦理叙事的构建过程极具反思性、持续性且高度个人化，是每位寒门学子需要自己完成的使命。但是，高等院校，尤其是大学与各个学院，可以在很多方面作出贡献，去促进伦理叙事的发展。本书没有能力提出相应的课程建议或教学指导，但是，我想强调以下两点，需要所有身处高等教育体制、心系寒门学子的教职员工谨记。

第一，我们要明白，了解向上流动真实成本的最佳途径之一就是去学习亲历者的经验。经验是最有力的老师，因此，高校应聘请更多第一代大学生来担任教师、研究生和管理人员[17]。同样，高校也要鼓励寒门学子分享自己的经验与故事。这并不意味着教职员工要向学生袒露自己的生活隐私，也不意味着教室就该变成大家坐在一起讲故事的地方（这是对"文化一致性"与"多元化"教育的常见误解），但确实需要教师明白如何创建一个包容性强的课堂环境。

当学生们发现我也是第一代大学生后，我能明显感觉到他们在课上松了一口气，并逐渐敞开心扉，这对他们自己的教育经历也非常重要。我最近就遇到了一个典型案例。我有一位同事很担心她的一名学生有抄袭的嫌疑，那名学生很安静，在课堂讨论中几乎从不发言，但却交了一篇相当出色的论文。我的同事是位出色的教师，绝不会轻易对学生下这么严重的定论，但她又确实完全没有看到任何迹象能够佐证那名学生的学术能力。幸运的是，那名学生并没有抄袭。我也在事后向她提供了一些背景信息，帮助她从一个全新的角度去看待那名学生。在整个布朗克斯区拉丁裔群体中，他是为数不多的大学生。我们在课后聊过几次，他是个害羞的孩子，给我看过一些他参与的辅导项目的课程作业。他很聪明，很有想法，能真正地学到东西，但同时，他也十分焦虑，和许多学生一样被校外的事物分走了学习的重心。当然，我不能确定那位学生是不是因为我也是第一代拉丁裔学生才选择了与我分享，但如果这不是一个因素，我会感到惊讶。

这也就引出了第二点，即在校内与校外，我们都应该注重培养能让第一代大学生有归属感的社群。这一点并不是靠聘请同样背景的教职员工就能自动实现的。就以纽约市立学院来说，我校在很多方面都做得很好，为第一代大学生提供了一个可以蓬勃发展的学术环境。拉杰·切迪（Raj Chetty）的突破性研究表明，比起斯坦福、杜克大学之类更有经济实力的常春藤盟校，纽约市立学院这样的院校在推动学生的社会经济发展方面做得更好[18]。有很多数据可以佐证这一点，与其他院校相比，我校录取了更多来自社会经济底层的学生。在2015年纽约市立学院录取的学生中，42%为第一代大学生，38.5%的学生家庭年收入低于20000美元[19]。但更重要的是，很多学生切实感受到纽约市立学院就是为他们量身打造的学术殿堂。在我校 2018 届毕业典礼上，毕业生代表亚斯明·艾尔·格乌尔（Yasmine El Gheur）讲述了她作为第一代大学生及第一代美国移民在市立学院的就读体验。她说她曾因自己的穆斯林背景，在纽约北部经历了种族歧视与排挤，"直到我进入了这所'穷人哈佛'，是这所我深爱的大学让我明白，我一直在掩饰自己的真实身份，不敢面对自己的文化底蕴，克制自己的与众不同……这里的环境让我如释重负，这是我第一次能和这么多和我一样的人在一起，第一次有这么多人愿意接受真实的我"[20]。我校这类院校在促进向上流动方面具体有哪些贡献尚未可知，但艾尔·格乌尔所描述的必然是其中之一，寒门学子环顾四周，看到了一所想他们所想、为他们而建立的学校。

除去这些成功之处，我校也有值得改进的地方。我听说很多学生很难在校内找到属于自己的社群。这些学生通常都住在家里，要换乘多趟火车或大巴，才能从五个行政区之外的地方赶到纽约的校区。他们一进校门就要挤进拥挤的教室，授课教师往往都是收入微薄的兼职老师，需要上四到五门课才能勉强维生。学生们在课上努力汲取知识，然后再赶去下一节课，最后回家或是去打工。我很幸运仍有机会开设小班教学课程，可以让我尽力培养一个更有包容性的学习社群。虽然并非总是一帆风顺，但效果好的时候，学生们总能从彼此的不同经历中学到比上课更有用的东西。在我最近开设的一门种族哲学课中，碰巧有几个来自布朗克斯区的学生，他们对教育隔离、警察暴力执法以及课上涉及的其他话题有着更深刻的理解。这些学生非常勇敢地在课上分享自己的经历，有时甚至眼含热泪。那节课后，有许多学生告诉我，同龄人的经历对他们来说有着更深刻的意义与影响，这些故事也能督促他们对自己的生活进行反思。

像这样的时刻无疑是美好的，也是有迹可循的。我的课人数很少，只有 23 名学生左右。即使有时与自己的科研冲突，我也一直努力学习更多的教学知识，希望能成为一名更称职的老师。我有幸获得了可观的薪水与各种科研经费，大大减轻了我的教学负担。作为一名有色人种女性，也是家中的第一代大学生，我希望所有高校都能支持小班教学，像重视科研一样重视教学质量，并通过各种方式减轻教师的教学课时负担，将包容性作为师资聘请标准的一部分去考量，为更多学生创建更美好的读书体验。

希望与绝望之间

缺乏对向上流动的真实成本的讨论，构成了寒门学子所面临的主要挑战。但其实，这种沉默并不令人惊讶。纽约市立学院和其他高校一样，绝大多数的教职员工本身都不是第一代大学生，并没有切身经历过寒门学子所面临的特殊挑战。很多教职员工可能也真的不清楚寒门学子在向上流动过程中需要承担的成本全貌，其他同事即使有一定的了解，也很可能担心自己没有资格讨论他人之苦，害怕贸然评论只会显得居高临下、自以为是。

还有一个更为直观、却鲜少有人承认的原因，那就是恐惧。教育工作者担心，一旦学生知晓所面临的挑战到底有多么艰巨，他们当中就会有很多人知难而退，直接放弃。这份担忧也是有迹可循的。在本书中，我一直在谈论那些成功克服寒门困境的学生，可他们只是现实中很小的一部分，很多寒门学子都中途选择了退学。我想，这些学生中的许多人之所以这样做，是因为他们在遇到种种挑战之后，做出了与传统向上流动观念不同的选择。我认为，如果向上流动的道路要求寒门学子抛弃心中珍视的各种价值，以换取虚无缥缈的"成功"机会，如果他们能看清那些牺牲与困局都是由不平等的社会资源分配所造成的，那么放弃也是合情合理的选择。尽管我个人认为教师与家长应该鼓励学生进入大学，但我们不该对这些孩子隐瞒成功路上的真实成本。

传统的向上流动叙事确实非常鼓舞人心。大法官索尼娅·索托马约尔从布朗克斯区一路走进普林斯顿和耶鲁法学院，最后步入最高法院，这样的故事谁看了都要感叹一句励志[21]。如果一位由单亲妈妈抚养成人、患有糖尿病的拉丁裔女孩可以通过自身努力取得成功，那或许我们也可以。人人都更愿意关注索尼娅这样的故事，却不愿看到她表兄尼尔森（Nelson）的经历。她曾提到，尼尔森比她聪明，可当索尼娅一步步成为一名年轻的律师，尼尔森却在多年吸毒后死于艾滋病。索尼娅在书中写道："如果我试图理解，为什么命运要让两个如此相似的孩子走向截然不同的结局，我将陷入无尽的梦魇——眼看着我们紧握的双手被人潮冲散，我挣脱了怪

物的束缚，但他却落入了深渊。"²² 他们二人命运的对比令大
法官索尼娅·索托马约尔无比痛苦。然而，我们之所以能看
到尼尔森的故事，也是因为我们被索尼娅的故事所吸引，看
到了其中蕴含的希望，深受鼓舞，期待自己也能通过努力奋
斗实现目标。

在索尼娅的回忆录中，她感谢了成长路上所有帮助过她
的人，也记下了她在职业生涯中做出的所有牺牲，其中就包
括她的婚姻。但是，无须具体的统计数据也可想而知，她的
成功是个例。大多数和她一样背景的孩子都走不了那么远，
很多甚至都不知道该怎么走。我们担心坦诚相告会为学生带
去绝望——如果一位同样来自布朗克斯区的高中生明白自己
的命运更有可能和尼尔森一样，成不了索尼娅，他就很可能
变得消极、愤世嫉俗，甚至绝望。而事实也确实如此，的确
会有这样的风险，但我们不能因此就被牵着走，不能将希望
置于现实的对立面。

塔那西斯·科茨 ❶（Ta-Nehisi Coates）的《在世界与我之
间》（*Between the World and Me*）一书就探讨了坦诚与绝望之
间的微妙关系。作为一封写给儿子的家书，科茨并没有在书
中粉饰太平，而是描绘了一幅刻有历史印记、私人且坦诚的
残酷画卷，揭露了种族主义渗透下的美国生活，同时也展现

---

❶ 塔那西斯·科茨是美国当代著名非裔作家、记者，于2015年出
版《在世界与我之间》一书，获美国国家图书奖，并入围普利策
奖。——译者注

了科茨对自己从小成长的非裔美国社群的深刻情感。然而，和科茨的许多作品一样，这本书也受到了强烈的谴责，因为书中描绘的是一个黯淡且无望的美国图景。梅尔文·罗杰斯（Melvin Rogers）在《波士顿评论》（*Boston Review*）上发表的一篇强有力的文章中写道，科茨这本书的问题在于，他将"捍卫这个国家拥有更为崇高的道德与政治生活的渴望"描绘成"如同沉睡于宗教的幻想中一般。觉醒，或是更为坦诚地面对现实，就意味着意识到这样的国家是不存在的"[23]。很多人认为科茨这本书的核心问题在于其如美国宿命论一般的观点，认为种族出身决定了一个人可能性的上限。科茨对于这种批评的声音是这样回应的："一个执着于'希望'的作者最终会从'现实'中脱离。"[24] 但同样，科茨也陷入了和传统的向上流动叙事一样的误区，认为心怀希望就必须逃避现实。

我们需要构建的伦理叙事应该要坦诚地面对向上流动过程中的伦理成本、牺牲与权衡、各种结构性因素，以及成功后该如何回馈社会。我相信，这种新的叙事虽然更加现实，但也绝不至于让人绝望。怀有希望并不意味着对现实视而不见，而是从眼前的困境中展望更好的未来。

例如，美国儿童保育费用高昂，且资源稀少，这就意味着部分寒门学子不得不在照顾孩子与按时毕业之间做出抉择。同一位学生，在绝望的视角下，她会认为，反正最终也会辍学，那么直接放弃也无妨；在盲目乐观的视角下，她会加倍努力，两边都不放弃。而伦理视角则介于两者之间，能帮助她看清选择高等教育所带来的潜在成本——为了成功，可能会牺牲她与家人的关系，以及潜在收益——大学学位能为她带来原本无法获取的机会。与此同时，伦理视角也能帮助她理解，是社会保障的匮乏造成了她的困境，是不公平的社会结构给她带来了更多挑战，很多出身富裕家庭的人并不会遇到相似的问题。这样的视角就顺势扩宽了她的视野，一旦取得了一定程度的成功，她就能思考自己可以在社会中发挥怎样的作用，如何才能帮助改善贫困社群的儿童保育问题。未来无论她仅仅是发挥选举权，投票给有类似政治理想的领导人，或是亲自深入基层，改善这一问题，她都能为此作出贡献，这就是她为自己、为他人谋来的希望。希望不是空想，不是无法兑现的承诺，这份希望正是来自她对残酷的现实、自身困境以及艰难抉择的全面理解。在坦诚剖析伦理成本之后，她才能真正看清自己的处境，真正构建一个更加清醒、更有希望的向上流动叙事。

当然，即便有人确实能获得一定的慰藉，我的意思也并不是构建清醒的伦理叙事就足以消除寒门学子一路上的痛苦与挣扎。同样，尽管确实可以帮助部分学子处理原生社群与目标社群之间的关系，伦理成本最小化也不是拥有一个清醒的视角就能实现的。看清现实无法立刻改变寒门学子的处境，但能鼓励他们在未来建设更加公平公正的社会。在向上流动的过程中，一个清醒的伦理视角能更加坦诚地帮助寒门学子看清奋斗途中的得与失，理解为之牺牲的各种成本价值，明白这一切远远超出了寒门学子个人、家庭或社群的可控范围，这一现实并不是他们造成的。

结 语

情感代价

　　如前文所述，在这样一个不平等且存在社会经济隔离的世界中，寒门学子向上流动的道路必然会给他们自己、家庭以及社群带来巨大的伦理成本。那些在劣势环境下成长的孩子只能在他处寻求晋升的机会，而如果一切顺利，他们历经万难获得的成功又很可能招致他们与原生家庭、社群渐行渐远。这种远离不仅仅是字面上的，寒门学子为了成功，不得不把自己的奋斗目标置于其他重要的社会关系之上，优先于家庭义务，优先其于与社群的联结。长此以往，他们就很可能会失去生活中其他的重要价值以及个人的身份认同。

　　我在本书中时常用一个模式化的寒门学子形象作为极端案例，尽管我们也遇到过不少真实的寒门故事，与本书中的例子有一定的相似之处，但每一位寒门学子的奋斗历程都是独一无二的。有些学子很幸运，不需要承担那么多的伦理成本；有些学子回到了原生社群，成了教师、社会工作者，或者自己创业；也有些学子并非出身寒门，而是成长于中上层阶级社群，他们可能因为特殊的社会经济因素或家庭原因而能与寒门学子产生共情。一个普通的中产阶级家庭也可能因家人突患疾病而陷入书中提及的各种困局。但是，由于受到社会结构性因素的影响，寒门学子更有可能卷入因个人向上流动而与原生家庭、社群间产生的紧张又矛盾的关系中。通过描绘一种典型的寒门叙事，我想更为清晰地表现向上流动过程中的伦理成本。我也希望每一个寒门学子都能从中找到能够产生共鸣的角度，希望可以通过这本书帮助他们更深刻地理解自己的奋斗之路。

同时，寒门学子希望通过教育改变命运，所以那些在高等教育中起到关键作用的群体，即教授、行政人员以及决策者，也要认识到这些学生所面临的伦理成本，从而加深我们对高等教育部门现阶段困境的理解。在这部分，我将聚焦政策，既包括决定着整个高等教育走向的宏观政策，也包括指导具体课堂中师生交流的微观教学方式，对伦理成本的反思将在一定程度上拓宽决策者的视野，影响寒门学子的生活。具体体现为：决策者如果想要降低寒门学子的伦理成本，就会相应地对高等教育中的其他重要方面进行新的思考。在接下来的篇幅中，我将对以下热点问题展开讨论，分别为：课程要求、课堂教学、学术匹配度和线上教育。虽然本书无法做到面面俱到，但我希望可以通过伦理叙事让人们对这些问题产生更加深刻的理解。

在此之前，我想再次重申，高等教育体系是复杂且多样的，其中包括技术院校、社区大学、营利性职业学校、常春藤盟校等不同院校。我在本书中着重关注那些就读于"传统"四年制大学的寒门学子，但这单一群体也有极其复杂的多样性。例如我校招收了很多少数族裔或第一代移民大学生，这就与常春藤盟校有很大的不同，后者招收的更多是身处特权阶级的白人学生群体，并有资源在这些学生的教育上投入两倍以上的费用[1]。我在本书中反复强调，学生所面临的伦理困境不仅取决于他们自身情况，同时还取决于他们就读的院校。因此，尽管接下来的内容有一定的普遍性，但我们也要具体问题具体分析，明白每个院校都存在一定的差异。

伦理成本最小化

一旦调整了造成社会不平等的结构性因素，寒门学子所面临的伦理问题将大量减少，这是显而易见的，但却无法说明我们每个独立的个体究竟能做些什么。减少贫困，建立坚实的医保、保育以及养老护理等社会保障，在社群与教育方面促进社会经济与种族融合等，这些宏观的结构性改革对消除寒门困境有着关键作用。这并不是说在一个理想化的社会中，人们就不会遇到伦理困境，不会面临艰难的取舍，而是指向上流动将不再以牺牲原生社群与家庭的福祉为代价。第四章中指出，寒门学子能在实现社会结构性改革方面发挥特殊作用。我们所有人，无论是否出身寒门，都可以努力促进社会平等及伦理成本最小化，为社会改革出一份力。即便短期内难以撼动宏观的社会结构，我们这些高等教育体制内的教职员工也可以利用特殊优势，将寒门学子面临的伦理成本降到最低。

以课程要求为例，这对于教师与学生来说并不陌生。每隔几年，学院都会召开会议，探讨各专业或整个院系的课程要求。每个学期，学生们都在努力弄清楚如何满足这些要求。课程要求的设置只有一个目的，那就是确保学生有必要的知识储备，让教职员工在这一基础上开设更高阶的课程。但与此同时，每一项课程要求都有可能使学生无法按时完成学业，每一门必修课的开课频次与授课时间都有可能使学生无法兼顾学业与原生社群。

我所处的院系最近就召开了这项会议，系内部分教师坚持要求学生必修一定量的古典著作课程。但问题是这些课程一年才开设一次，而且通常都由终身教授授课，他们一般不愿意在周末或晚间开课。这就意味着一名哲学专业的学生还要在白天挤出时间去适应排课非常不灵活的其他课程，一旦他们还有额外工作、育儿压力，或是长时间的通勤，就势必会影响他们的毕业时间。我们很多学生都有这种状况。当然，这些课程要求也是合乎情理的，我们想要确保院内学生有一定的经典哲学知识储备，阅读柏拉图、康德等大家的著作，这无可厚非，但对学生来说，他们要为此付出多少？

我们院系最终决定取消其中一项课程，并为学生提供更灵活的选择，而这正是因为系主任担心我们强加给学生太多压力。院内做出了妥协，让所有高级教职人员在常规高阶课程中融入一些古典著作。我们之所以做出这个决定，是因为我们意识到，一套额外的严格要求会增加学生的伦理成本。当然，我们能满足学生的地方也很有限，很少有教师开设晚间或周末课程，即便有，也不是所有教职员工都能教授古典著作，所以该课程的频次还是不够高。但这种为学生着想的意识能促进教职员工进行更加全面的反思，帮助学生在不影响学业的情况下，降低伦理成本。我并不是说这种权衡是非常容易做到的，相反，我想强调的是，校方应拓宽思路，对其中的利害关系进行更深层的探讨。

不仅在教职员工内部，在政策制定层面也应该开展这样更深层次的探讨。例如，在学术匹配度方面，很多成绩优异但家境贫寒的学生即使有资格获取大量财政补助，但在申请时并不会考虑名牌大学。其实，比起很多当地的公立大学或社区大学，很多寒门学子在进入私立大学之后，反而支付的学费更少，毕业率也更高[2]。此外，常春藤盟校、斯坦福大学、圣母大学和其他资金充裕的院校能为学生提供一系列附加资源，除了数额可观的财政补助，还提供辅导咨询、写作指导、学生生活管理等，从各个方面为寒门学子的大学生活提供帮助。尽管如此，很多寒门学子根本不会申请大学，即使申请了，也会选择当地的社区大学或者州立大学之类条件较差的学校。

卡罗琳·霍克斯比（Caroline Hoxby）和克里斯托弗·艾弗里（Christopher Avery）在学术匹配方面颇有研究[3]。他们认为，很多学生之所以会出现这种向下匹配的情况，是因为他们并不了解大学申请流程，也不清楚名牌大学会提供充裕的财政补助。霍克斯比和艾弗里的研究发现，这种现象在美国部分教育隔离明显的地方尤为常见，那里的学生往往不考虑读大学，或是没有机会接触到其他成绩优异的学生和名牌大学的导师。但是，也有很多学生不申请名牌大学是因为想在离家近的地方读书。霍克斯比和艾弗里也意识到了这一点，但却没有在他们的研究中对此展开进一步的研究。然而，如本书所述，很多寒门学子为了将伦理成本降到最低，不大会考虑离家太远的大学。如果我们只关注读书的经济成本，就会对寒门困境的理解有失偏颇。当我们真正开始将伦理成本记入考量的范畴，这些学生的选择就显得没有那么不明智了。

很多学术研究都将向下匹配现象视为一种有待改进的社会问题[4]。霍克斯比和萨拉·特纳（Sarah Turner）共同设计了一项非常有效的干预措施，可以提高成绩优异的贫困学生的大学申请率[5]。但是，这类研究很少考虑学生及其原生社群需要承担的伦理成本。当然，我并非是想否定这类干预措施，能帮助更多的学生申请财政补助并提高毕业率肯定是好事，但只有真正考虑伦理因素才能帮助我们将这些成本降到最低。例如，有些院校会将回家的路费列入财政补贴方案的一部分。我们只有在研究学术匹配度的同时将这些因素牢记于心，才可能探索出更多方式以降低寒门学子的伦理成本。

寻找平衡点

在不改革社会结构的情况下，伦理成本仍将大幅集中在寒门学子身上，高等教育从业者很难真正将伦理成本最小化，但是，我们可以通过多方面的努力降低伦理成本。如第一章所述，伦理成本是不能简单地通过大学带来的经济或教育收益来抵消的。例如，移民在选择离家后，原生社群在心中的地位是无法被后续融入的全新社群所取代的，但进入一个新的社群确实能在一定程度上缓解这一现象，这是因为移民群体在新的社群找到了新的归属感，填补了失去的情感依托。一名移民虽然获得了一定的经济利益，但在各个新的社群间饱受冷眼，那么即便他的生活条件变好了，伦理成本也依然没有减少。寒门学子在向上流动的道路上会受到很多负面影响，为了减少伦理成本，我们就必须重点关注那些受影响的方面。高等院校虽然无法减轻寒门学子在家庭关系中面临的成本损耗，但可以为他们提供各种融入新社区的机会，形成新的社会关系。

这些说来容易，却很难落实。在公众的普遍想象中，学生们非常容易在大学期间建立友情，但对于来自边缘化社群的学生来说并不是这样的[6]。其一，许多低收入家庭的孩子不会选择住校，他们为了减少开销住在家里，每日通勤上学[7]。这就限制了这些学生在课堂以外与其他同学、老师交流互动的机会。其二，很多寒门学子不管在文化还是社交方面，都很难融入大学群体。第一章中的托德就属于这种情况，他很难在大学交到朋友，因为他觉得自己和其他学生存在很大差异。大量关于第一代移民大学生和低收入家庭的学生的研究都证实了这一点：寒门学子在交友、师生互动和融入校园社群方面存在较大的问题。如第二章所述，来自边缘化社群的学生更加容易经历原生文化与高校社群间的文化错配。

这些社群间的壁垒意味着教职员工必须更加慎重地采取措施，帮助寒门学子在校园内找到归属感。例如，在标准的大学课堂中，一般来说，教学模式就是教授讲课，100多个学生坐在下面听，学生之间不会有过多的交流。但是，教师不仅有权把握自己的教学模式，也能改变学生在课上的互动方式与频率。如果可以从伦理成本的角度思考课堂教学，教师也能对自己创造的课堂氛围进行反思。这并不是倡导教师把课堂安排成学生社交的场所，但是布置小组项目、鼓励学生两两一组解决问题或是在课上以学生讨论为主，这些确实都是有效的教学策略，同时也能为寒门学子提供更多潜在的途径，以建立新的友情和社群。比起其他学生群体，寒门学子更容易在校园中感到自己"格格不入"，但如果教师能更加敏锐地管理并调动课堂氛围，鼓励学生参与，就能帮助寒门学子在课上找到一定的归属感。

在各种利害关系中找到一个适合寒门学子的平衡点是非常不容易的。以线上教育为例，在多种成本的高压之下，寒门学子需要一定的灵活性来平衡工作、学习以及生命中重要的人际关系。线上教育在各个营利性院校中的兴起，比如在凤凰城大学（University of Phoenix）以及我校这样的州立大学，都可以看作高等教育部门为降低伦理成本提供便利的一种途径[8]。高校采用线上技术，使学生在家能随时听课，腾出时间来陪伴家人或工作赚钱。这种灵活性也帮助学生减轻了必修课的负担，不用再超额排课，或是面临没有时间上课的困境了。

但不幸的是，我在其他文章中也论证过，学生上的网课越多，就越容易错过真正重要的大学体验[9]。如第二章所述，寒门学子在高校遇到的阻碍之一，是他们不熟悉，或者说不适应高校社群中由中上阶层主导的社会规范。寒门学子，尤其是成长于重度贫困社群的学生，常常在进入大学后发现有许多文化差异需要应对。这种文化结构不仅主导着高校环境，还主导着学生毕业后的职场。多与中产阶级的教师、同学和行政老师往来互动，可以帮助学生逐渐熟悉并融入这种文化之中。学生也正是在这个过程中学会如何融入与原生社群截然不同的全新社会的，而不住校的学生就错失了这一项重要的教育机会。那些并非成长于中上层文化框架的寒门学子，最容易因为线上教育而损失大量资源。

我们担心的不仅寒门学子无法适应中产阶级教育体制和职场规范，还担心他们会因此失去一部分建立人际关系的机会，无法降低伦理成本。有些学生即便想要放弃找寻新的社群与友情联结，也要优先考虑经济与伦理成本。就好比一位拥有高校学历才能晋升的职场妈妈，那她选择线上教育就非常合理，因为她的目的就是将经济成本、伦理成本降到最低，而不是花费大量时间通勤以便融入大学校园。但是，如果我们想从政策层面把线上教育列入提高低收入学生向上流动比例的方式之一，那就需要谨慎考量如何在降低伦理成本的同时，向低收入学生传达其中的利害关系。

当然，有些线上课堂也可以帮助学生建立新的社会关系，发展新的社交与文化技能。比如普林斯顿大学就为低收入家庭学生和第一代大学生提供了一系列线上课程及研讨会，帮助无法提前几周到校的大一新生尽快适应大学生活，为可能面临的各种挑战提前做好准备。每位负责这些线上课程的教师一般只带六到八名学生，课上还配有其他教职员工作为辅助。学生们能更好地了解老师与同学，并合理运用这些新晋人际关系，为后续的校园生活打下基础。这是线上教育的出色案例，但可能无法适配更大规模的教学活动，也不太适用于基数较大的寒门学子群体。

线上教育可以在一定程度上降低伦理成本，实现成本最小化，但在许多情况下，也将牺牲寒门学子建立跨文化竞争力的机会，影响他们发展新的社会关系，使他们难以融入新的社群。关于这一点还有很多可以展开论述，但我们只需要明白，对于伦理成本的反思可以帮助我们理解线上教育与向上流动之间的成本效益。

寒门内外

尽管本书着重分析了向上流动的伦理成本，但有必要重申的是，寒门学子的成功确实为自己以及家人带来了许多收获。在最理想的情况下，寒门学子能够通过高等教育丰富自己的生活，不仅能收获关键的技能与知识，还掌握了通向未来更有趣、更高薪的职业的敲门砖——大学学位。新的人际关系、对周遭世界的新视角，这些都是他们通过自身奋斗得来的。在很多情况下，家庭成员也能受益于寒门学子的成功，获得一定的经济改善以及知识技能，社会地位也能有一定的提升。有时，原生社群也会受到正向影响。寒门学子可以帮扶社群，成为其他成员的榜样，以及通往其他更富足社群的桥梁。当然，原生家庭与社群看到自己人取得的成就也会感到自豪。寒门学子也正因以上种种益处才愿意做出牺牲。

然而，我也在本书中反复提及，除了寒门学子本人需要承担伦理成本，他们的亲友、社群也要一同承担。这种视角能避免人们对高等教育的理解过于短视。家庭与社群在送年轻人去读大学之后所承担的成本代价也应当受到重视。在研究过程中，我访谈了许多寒门学子，感谢他们愿意分享自己的经历与见解，使我有机会顺利完成这本书。但是，随着我对寒门经历越来越了解，我也产生了越来越多的疑问。这些疑问不是关于寒门学子的，而是关乎他们的父母、朋友及原生社群：在送孩子去读大学之后，他们承担了哪些经济以及伦理上的成本？他们是如何理解这些成本的？他们认为自己能够从中得到哪些益处？又做出了哪些艰难抉择？这些问题都是我们在未来需要探索的方向。高等教育将焦点局限于经济成本的同时，也只关注了学生个体，忽略了背后更为广泛的利益群体，较为狭隘。我希望本书能为大家带来新的思路。

很多人都将高等教育看作通往富裕人生的途径，无论是家长、老师、亲朋好友，还是邻里乡亲，都在孩子的教育上怀揣着这样的愿景。但是，我们必须明白，每个人的生活与社群息息相关，生命中绝大多数意义都来自人的社会关系。然而，由于美国的机会分配不均，这些社会关系很可能成为弱势群体向上流动的负担，与个人发展相悖。高等教育不应该只为学生个人带去收益，也应该是造福学生社群的方式之一。可对于劣势群体来说，这在当前还无法实现。

注　释

绪言：教育升级

1. 引自 Chetty et al.，"Where Is the Land of Opportunity？"

2. 引自 Bowles，Gintis，and Osborne-Graves，*Unequal Chances*，165。

3. 引自 Bailey and Dynarski，"Inequality in Postsecondary Education"。

4. 权威数据可参考 Duncan and Murnane，*Whither Opportunity？*

5. 有一部分人现在更倾向于使用"latinx"一词来指代所有祖籍在拉丁美洲的人，以追求性别中立。我虽然对此表示理解，但目前大多数拉丁裔还是使用"latino"来指代其所属社群，所以我还是保留了"latino"这一用法。

6. 想更全面地了解美国大学生沉重的财务问题，参见 Goldrick-Rab，*Paying the Price*。

7. 摘自纽约市立学院官网"关于我校"页面。

8. 摘自纽约市立大学官网"本科生概况"页面。

9. 普林斯顿大学出版社习惯使用"他或她"来指代未知性别，我并非想将性别代词局限于二元，我明白这类代词存在一定的排他性，我也支持使用"他们"作为中立代词。

10. 引自 Goldrick-Rabm，*Paying the Price*。

11. 更多当代对这些问题的重新认识，详见 Williams，*Ethics and the*

Limits of Philosophy。更多古典观点，详见 Plato，"Republic"；Aristotle，"Nichomachean Ethics"。

12. 引自 Goldrick-Rab，*Paying the Price*。

13. 引自 Bowen，Chingos and McPherson，*Crossing the Finish Line*。

14. 更多关于家境良好的学生是如何学会这种"轻松驾驭"的能力，详见 Khan，*Privilege*。

15. 我的研究受梅拉·莱文森（Meira Levinson）的教育哲学方法启发，该研究方法从教师和学生的实际生活出发，而非抽象的哲学理论。参见她的著作《不让一个公民掉队》（*No Citizen Left Behind*）。

第一章：向上流动的伦理成本

1. 引自美国劳工统计局"失业率与收入"一栏。

2. 托德的这句话触及了一个在社会学家之间极具争议性的话题——少数民族群体教育水平欠佳到底是否能够归因于某种贫困文化。在一篇开创性的论文中，西格尼西亚·福德姆（Signithia Fordham）和约翰·U. 奥格布（John U. Ogbu）认为，非裔美国学生之间的文化经常与主流白人文化相对立，而在这种"文化对立"的影响下，非裔学校社群并不重视良好的学术表现（参考"Black Students' School Success"）。后续许多研究都对这一理论表示怀疑。更多关于这场学术争议的信息，参见 Ainsworth-Darnell and Downey，"Assessing the Oppositional Culture Explanation"；Tyson，Darity and Castellino，"It's Not 'a Black Thing'"。我在后续章节中也会就这一争议展开讨论。

3.　我们也可以把时间、金钱和物质价值理解为外在工具性的，把伦理道德价值理解为内在感性的。

4.　更多关于儿童未来无限可能的哲学思辨，参见 Feinberg，"Child's Right to an Open Future"。

5.　罗伯特·诺格尔（Robert Noggle）采用了一种谨慎的哲学立场，旨在尊重儿童发展中的价值观。见其 "Special Agent" 一文。

6.　更多关于依恋理论对于早期照顾者重要性的论述，参见 Bretherton，"Origins of Attachment Theory"。

7.　在关于爱的哲学文献中，哲学学者认为人类的爱与价值是特殊的。参见 Frankfurt，*Reasons of Love*；Jollimore，*Love's Vision*；Scheffler，"Valuing"。

8.　最后一章将具体论述缓解伦理成本这一观点。

9.　更多关于价值与不可替代性之间的哲学联系，参见 Cohen，"Rescuing Conservatism"。

10.　引自 Mill，"Inaugural Address，" 186。

11.　关于这一点，更多心理咨询师和心理学家视角下令人痛心的细节分析，参见 Jensen，*Reading Classes*。

12.　本科毕业率是高等教育最大的挑战之一，尤其是在低收入学生群体之间。参见 Bowen and McPherson，*Lesson Plan*；Cahalan et al.，"Indicators of Higher Education Equity"。

13.　我们不应忽视食物与住房安全对本科毕业率的影响。关于这一问题，更多信息可参考 Goldrick-Rab，*Paying the Price*。

14.　为了进一步了解伦理成本是如何产生的，社会科学领域还需要更多的相关研究。作为一名哲学学者，我的贡献就只有对这些价值定性，以了解伦理成本将如何影响付出者的伦理生活。

15.　关于这一观点，更多具体的哲学思辨，参见 Scheffler, *Boundaries and Allegiances*。

16.　感谢吉娜·斯豪滕和一位匿名人士提供个人经验，让我能够清晰地举例阐述。

17.　更多关于艰难抉择的哲学思辨，参见 Chang, "Are Hard Choices Cases of Incomparability? " 她的 TED 演讲简单易懂地阐述了她的分析与理论，详见 "How to Make Hard Choices"。

第二章：具体背景下的伦理成本

1.　参见森尼特（Sennett）与科布（Cobb）共同撰写的《阶级的隐性伤害》。

2.　参见 Jensen, *Reading Classes*。

3.　参见 Collins, "Real Mommy War"。

4.　参见亚里士多德《尼各马可伦理学》（*Nichomachean Ethics*）1253a1251 – 1218。

5.　参见 Scheffler, "Morality and Reasonable Partiality"。

6.　引自 Orfield et al., "Deepening Segregation"；Orfield, Kucsera and Siegel–Hawley, "E Pluribus"。

7.　引自 Bowles, Gintis, and Osborne–Graves, *Unequal Chances*；Aud et al., "Condition of Education"。

8.　引自 Whittaker, "Johnston High School Is Dead"。

9.　引自安妮特·拉鲁《不平等的童年》。

10. 感谢哈里·布里豪斯提出这一观点。

11. 参见 Coates，"Case for Reparation"。

12. 更多关于种族融合的哲学思辨，参见 Anderson，*Imperative of Integration*。

13. 引自 Sallie Mae and Ipsos Public Affairs，*How America Pays for College 2017*。

14. 引自 Torrey，"Jails and Prisons"。

15. 引自 Gopnik，Meltzoff，and Kuhl，*Scientist in the Crib*。

16. 引自 Fuligni and Pedersen，"Family Obligation"。

17. 引自 Sy and Romero，"Family Responsibilities"；Espinoza，"Good Daughter Dilemma"。

18. 引自 Sy and Romero，"Family Responsibilities"。

19. 关于多元文化和性别平等的矛盾，有一种论点极具争议但很有开创性，具体可以参考 Okin et al.，*Is Multiculturalism Bad for Women?*

20. 在某些情况下，即使有这样的资源，也不足以让年轻女性"摆脱困境"。文化因素在这里确实起到重要作用，但本书篇幅有限，无法具体展开讨论。

21. 引自 Sy and Romero，"Family Responsibilities"。

22. 当然，也有一些家庭因为宗教或文化信仰阻拦下一代接受教育。在这些情况下，冲突的来源与社会经济结构的作用不同，我在本书中的分析与研究并不适用于这一群体。本书中讨论的大多数寒门学子的故事也都不属于这种情况。

23. 关于这一观点的更多关键探讨，参见 Goldrick-Rab，*Paying the Price*。

24. 引自 Goldrick-Rab and Kendall, "Real Price of College"。

25. "贫困文化"理论可以追溯到社会学家丹尼尔·帕特里克·莫伊尼汉（Daniel Patrick Moynihan）于 20 世纪 60 年代撰写的《黑人家庭：国家诉讼案》(*The Negro Family: The Case for National Action*) 一文。文中，莫伊尼汉担心传统家庭结构的瓦解是造成非裔社区贫困加剧的部分原因。很多人以该文献为由，将各种社会乱象归结到单亲母亲、"福利皇后"（"welfare queens"）、不负责任的父亲，以及各种刻板印象中的"贫民窟"居民身上。将贫穷归因于众多"错误"的价值观，比如懒惰、滥交和享乐主义。

26. 引自 Swidler, "Culture in Action"。

27. 这里需要注意的是，框架不是价值观，而是理解世界的方式。一个人可能会拒绝接受框架的某一部分，又全心全意地认同另一部分。文化框架并不决定任何一个人的价值观、偏好或观点。

28. 引自 Patterson and Rivers, "'Try on the Outfit'"。

29. 引自 Stephens et al., "Unseen Disadvantage"。

30. 斯蒂芬斯认为，社会经济阶层之间的差距更接近于文化差异，而非种族背景差异。更多有关种族背景的研究可参考 Markus and Kitayama, "Culture and the Self"。

31. 引自 Jack, "Crisscrossing Boundaries," "Culture Shock Revisited," and "(No) Harm in Asking"。

32. 摘自 Jack, "Culture Shock Revisited," 466。

33. 摘自 Jack, "(No) Harm in Asking," 10。

34. 引自 Armstrong and Hamilton, *Paying for the Party*。

35. 尽管最近的一些研究对大学生具体如何产生同化表示质疑，但数据仍然表明，更接近独立文化模式的学生会有更好的学术表现。
具体参考 Phillips et al., "Access Is Not Enough"。

第三章：身份演变

1. 本章的许多中心论点都来自 "Cultural Code-Switching: Straddling the Achievement Gap"，摘自 *Journal of Political Philosophy*。

2. 引自 Beam, "Code Black"。

3. 当然，成长于两种文化环境下的孩子也会采用这种方式。这种现象在所谓"跨族婚姻"中越来越常见。在心理学与社会学领域中，对双文化主义的探讨正在兴起。参见 LaFromboise, Coleman and Gerton, "Psychological Impact of Biculturalism"；Benet-Martínez et al., "Negotiating Biculturalism Cultural Frame Switching"；Padilla, "Bicultural Social Development"；Nguyen and Benet-Martínez, "Biculturalism Unpacked"。

4. 感谢某位匿名人士帮助我理解这一点。

5. 引自 Carter, *Keepin' It Real*, 60。

6. 引自 Trustees of Princeton University, *Report of the Task Force*。

7. 引自 Jensen, *Reading Classes*。

8. 部分社会、心理和哲学领域的学者认为，所有人其实都在伪装。从这种观点出发，就不存在真实的自我。这一观点虽然有趣，但很难解释人们能切实感觉到的"真实"与"虚伪"的自我。参见 Goffman, *Presentation of Self*; Velleman, *How We Get Along*。

9. 引自 Rivera, *Pedigree*。

10. 引自 Klein，"Understanding Hillary"。

11. 其实也存在很多其他类型的压迫形式，比如性取向和个人能力等。但由于本书篇幅有限，恕无法一一展开叙述。

12. 在下文中，我将把女性群体视为性别压迫中的核心案例。这并不表示我不认可变性或非二元性别群体的困境，只是为了公正起见，需要有更多性少数寒门学子的案例来说明不同性别身份对寒门学子的影响。

13. 引自 Du Bois，"Strivings of the Negro People"。

14. 关于这一问题的更多探讨，参见 Appiah，"Race，Culture，Identity"；Haslanger，"Gender and Race"。

15. 更多心理学领域中关于价值肯定的研究，参见 Cohen et al.，"Recursive Processes in Self-Affirmation"；Cohen and Sherman，"Psychology of Change"；Harackiewicz et al.，"Closing the Social Class Achievement Gap"。

第四章：不与阶级合谋

1. 关于这一问题的更多见解，参见 Zheng，"What Is My Role"。

2. 引自斯米尔宁斯基，《楼梯的故事》（*Tale of the Stairs*）。感谢卢克·博文斯向我介绍了这个故事。

3. 更多关于父母有义务促进社会公正的讨论，参考 Brighouse and Swift，*Family Values*。

4. 关于这一点，哲学家艾里斯·玛丽恩·杨（Iris Marion Young）有更多见解，请参考她的著作 *Responsibility for Justice*。

5. 这一段触及多个复杂的哲学问题。本书仅采用较为笼统的概念，即在不平等的社会中，人人都有一定的义务去帮助他人，不涉及论证该义务究竟有多少。更多关于伦理义务最大化的经典观点，参见 Singer，"Famine，Affluence，and Morality"。更多关于受益于社会就应回馈社会的观点，参见 Butt，"On Benefiting from Injustice"

6. 更多支持平权运动的观点，参见 Anderson，"Fair Opportunity in Education"。更多关于帮扶不完善的论述，参见 Parker，"Gift"。

7. 参见 Beasley，*Opting Out*，142。

8. 参见 Beasley，*Opting Out*. 165。

9. 最新贫富差距的数据统计，参见 Wolff，"Household Wealth Trends"。

10. 参见 Zheng，"What Is My Role"，878。

11. 接下来的观点出自我的 "An Antidote to Injustice" 一文。

12. 参见 Pew Research Center，"Sharp Partisan Divisions" 和 "State of American Jobs"。

13. 更多政治理论和政治哲学在该问题上的重要批判，参见 Mills，"Racial Liberalism"。

14. 引自 American Academy of Arts & Sciences，"Racial/Ethnic Distribution of Degrees"；Pinsker，"Rich Kids Study English"。

15. 引自 Chetty et al.，"Mobility Report Cards"。

第五章：构建伦理叙事

1. 关于这一观点更多关键内容，参见 Goldrick-Rab，*Paying the Price*。

2. 引自 Bowen and McPherson，*Lesson Plan*。

3. 这种自我阐述在哲学中的探索可以参见 MacIntyre，*After Virtue*；Taylor，*Sources of the Self*。更多自然主义的研究可以参见 Dennett，"Self as a Center"；Schechtman，*Constitutive of Selves*。

4. 更多关于这种叙事对高校学生学术表现的研究，参见 Wilson，Damiani，and Shelton，"Improving the Academic Performance"；Stephens，Hamedani，and Destin，"Closing the Social-Class Achivement Gap"。

5. 索菲娅的自传非常感人，参见 Sotomayor，*My Beloved World*。

6. 参见 Chetty et al.，"Is the United States"。

7. 参见 Kraus and Tan，"Americans Overestimate Social Class Mobility"。

8. 引自 Obama，*Dreams from My Father*，47 – 48。

9. 引自 Cohen and Sherman，"Psychology of Change，" 337。

10. 参见 Cohen and Garcia，" 'I Am Us' "；Cohen et al.，"Recursive Processes in Self-Affirmation"。

11. 引自 Dawsey，"Trump Derides Protections for Immigrants"。

12. 引自 Rumore，"Trump on Chicago"。

13. 引自 Isaacson，*Steve Jobs*。

14. 这方面的经典文献参见 Bertrand and Mullainathan，"Are Emily and Greg More Employable Than Lakisha and Jamal？"

15. 参见 Tinto，"Taking Retention Seriously"。

16. 引自 United Nations，"Sharp Increase in Money"。

17. 知名教育理论家丽莎·德尔皮特（Lisa Delpit）认为，美国 K-12 教育体系需要更多有色人种教师，他们宝贵的文化知识与经验能更好地发挥教育作用。参见她的著作《其他人的孩子们》（*Other*

People's Children)。我认为在高等教育中，这一点同样重要。

18. 引自 Chetty et al., "Mobility Report Cards"。

19. 摘自纽约市立学院官网"本科生概况"页面。

20. 引自 El Gheur, "Commencement Address"。

21. 引自 Sotomayor, *My Beloved World*。

22. 引自 Sotomayor, *My Beloved World*, 253。

23. 引自 Rogers, "Keeping the Faith"。

24. 引自 Coates, "Hope and the Historian"。

结语：情感代价

1. 引自 Desrochers and Wellman, "Trends in College Spending 1998－2008"。

2. 引自 Bowen et al., "Interactive Learning Online"。

3. 引自 Hoxby and Avery, "Missing 'One-Offs' "。

4. 关于这一假设更深刻的哲学思辨，参见 Tiboris, "What's Wrong with Undermatching?"

5. 引自 Hoxby and Turner, "Expanding College Opportunities"。

6. 更多观点出自我的 "Mitigating Ethical Costs"。

7. 引自 Sallie Mae and Ipsos Public Affairs, *How America Pays for College 2017*。

8. 目前有很多关于线上教育现状的研究，参见 Allen and Seaman, "Changing Course"；Clinefelter and Magda, Online Learning；Bowen et al., "Interactive Learning Online"；and Jordan, "Initial Trends."

9. 更多观点出自我的 "Unequal Classrooms"。

参考文献

（扫码查阅。读者邮箱：zkacademy@163.com）